JN021212

＼新装版／

中学·高校の英文法を使いこなせ！

瞬時に口から出てくる

話すための英文法

基本
720
フレーズ

大特訓

英語がみるみる話せる和英作文トレーニング

妻鳥千鶴子
Tsumatori Chizuko

Jリサーチ出版

はじめに

✦ 会話でこそ文法は生きる

「英会話ができるようになりたい」「難しい文法は後回しにして、話すことができればいい」という声をよく聞きます。

こうした声には２つの点で誤解があるようです。１つは、文法は難しく会話は簡単だと思っている点。もう１つは、会話には文法が必要ないと思っている点です。**実は、会話でこそ文法が必要であり、また文法は決して難しくないのです。**

例えば、英語圏から来た人と話をするチャンスがあったとしましょう。出身地を聞いて「そこには行ったことがありますよ」と返事をしたいとして、英語で言えますか。仲良くなってどこかへ一緒に行くことになった場合、「何をしたいですか」「いつが都合いいですか」「もっと早くにお伝えすれば良かったですね」など、スムーズに英語で言えますか。

これらは現在完了や疑問詞疑問文、仮定法などをマスターしていれば、簡単に言えることなのです。

✦ 文法は「言葉の約束事」である

日本語の文法は知らないけれど話せていると考える方もいるでしょう。その通りで、母国語は文法をあまり意識することなく話せるようになります。それは子供の頃からとても長い時間をかけて、いろいろな日本語を聞いたり読んだり、また書いたりすることで、自然に身につけてきたからです。また国語の授業を通して勉強もしっかりしていますね。

外国語も同じように自然に身につけようとすると、大変長い時間がかかってしまいます。そこで文法の出番です。文法を知っていれば、単語を入れ替えるだけで自分が伝えたいことを言えるようになります。文法は、伝えたいことを言うためのルール、つまり「言葉の約束事」なのです。

例えば、先述の「そこには行ったことがあります」(I have been there.) は、have beenが「行ったことがある」という「経験」を表現するので、I have been to Egypt.（エジプトに行ったことがある）のように、行き先を変えることで、自分の経験を伝えることができるのです。

✦ 会話フレーズを声に出して言ってみよう

文法というと、難しい、堅苦しいといったイメージを持っている方は多いでしょう。確かに品詞の分類や文型、時制、態など、文法に関する用語には難しい響きがあります。

しかし、文法用語はそれほど気にしなくてかまいません。本書のフレーズを理解できて、自分でも話せるようになることが第一の目的です。例文はどれも会話でよく使うフレーズばかりです。ダウンロード音声を利用しながら、何度も口に出して言ってみましょう。

どれも文法が組み込まれた例文なので、話すことができるようになれば、その文を土台にして、言葉を換えて似た形の文を話せるようになります。

自然に話すことができてこそ、文法をマスターできたと言えるのです！

妻鳥千鶴子

CONTENTS

会話できる英文法大特訓の練習法

各UNITともに、左ページに「日本語訳」、右ページに「英語フレーズ」が9つずつ並んでいます。STEPを参考にして練習しましょう。

STEP ❶

日本語ページの表現のヒントを参考にしながら、まずゆっくりと自力で日本語に合った英語を言ってみましょう。そして、答え合わせをして音読しましょう。

▼

STEP ❷

英語フレーズを見ながら音声を聞いてみましょう。次に英語フレーズを見ずに音声を聞いてみましょう。

▼

STEP ❸

英語フレーズを目隠しシートで隠し、日本語を見て英語フレーズを言ってみましょう。忘れていたら、無理をせずに英語フレーズを確認してください。

▼

STEP ❹

音声だけで、日本語フレーズを聞いて、自分で英語フレーズを言ってみましょう。日本語の後には話すためのポーズがあります。音声だけで繰り返し練習しましょう。

英文法を会話に生かす3つのヒント

ヒント1 フレーズを音読して覚えよう

各ユニットにある9フレーズを、音読して覚えていきましょう。発音もきちんとできるように、ダウンロード音声を必ず活用しましょう。「フレーズを覚えているのに、いざ会話となると英語が口から出てこない」という方は、日頃英語を口から音声として出す作業が少ないことも原因の1つです。音読を繰り返すことで、フレーズがスラスラと言えるようになります。最終的に音声と一緒に、本を見なくても英語がスムーズに口から出るようになれば、実際の会話でも困らなくなります。

ヒント2 自分バージョンに例文を変形しよう

例文の単語を置き換えて、自分のフレーズを作ってみましょう。勉強をスタートしてすぐの頃は、名詞だけを置き換えてみることがおすすめです。例えば過去形のI went to the restaurant last night.というフレーズ。restaurantをtheater（劇場）や、mall（モール）など、実際に自分が行った所に変えるのです。last nightをyesterdayやlast Sundayなどに変えるのもいいでしょう。一部の単語を変えることで、過去形をしっかり身につけて使えるようになっていきます。

ヒント3 実際に使ってみよう

実際に会話で使ってみましょう。英会話の練習は、ネイティブスピーカーがいなくてもできます。日本人同士でもかまわないのです。今から30分は英語だけ、あるいは喫茶店にいる間は英語だけで話そう、といった具合に決めて練習してみてください。現在では、日本人同士でも積極的に英語だけで会話の練習をする方々が増えていて、とてもすばらしいことです。実際に使う機会があれば、表現が定着しやすくなり、勉強を続けるモチベーションも高まります。

本書の使い方

中学・高校で学んだ文法の知識を英会話に生かす練習をします。「5文型」から始まり、「時制」「不定詞」「関係詞」「仮定法」など、文法項目別に会話練習ができます。

● UNITの文法テーマ
文法の項目を示します。この文法項目を組み込んだ会話フレーズが9つ収録されています。

● 日本語フレーズ
英語にすべき日本語フレーズです。右側に「表現のヒント」を示します。表現のヒントを参考に英語フレーズを考えて言ってみましょう。

● 単語のヒント
欄外には、英語フレーズで使うキーワードの意味を示します。

UNIT 3
一番活躍するのはコレ！
第3文型

▶▶▶▶ 第３文型（S＋V＋O）は会話でも最もよく使うパターンです。さまざまな動詞を使ってしっかり練習しましょう。

□1 まいった！ ○got

□2 どこでそれを買ったのですか。 ○did ～ get

□3 はっきり言ってください。 ○give

□4 それで思い出しました。 ○remind(s)

□5 切らずにお待ちいただけますか。 ○Would ～ hold

□6 久しぶりですね。 ○haven't seen

□7 何か温かいものがほしいです。 ○want

□8 書いていただけますか。 ○Could ～ write

□9 海外旅行に行く余裕はない。 ○can't afford

ヒント 3 はっきり：straight　9 海外旅行に行く：travel abroad

18

[練習のしかた]

STEP 1　日本語フレーズをヒントに、英語フレーズを言ってみましょう。

STEP 2　英語フレーズを見ながら音声を聞いてみましょう。

STEP 3　英語フレーズを目隠しシートで隠して、日本語を見て英語フレーズを言ってみましょう。

STEP 4　音声だけで、日本語フレーズを聞いて、ポーズで英語フレーズを言ってみましょう。

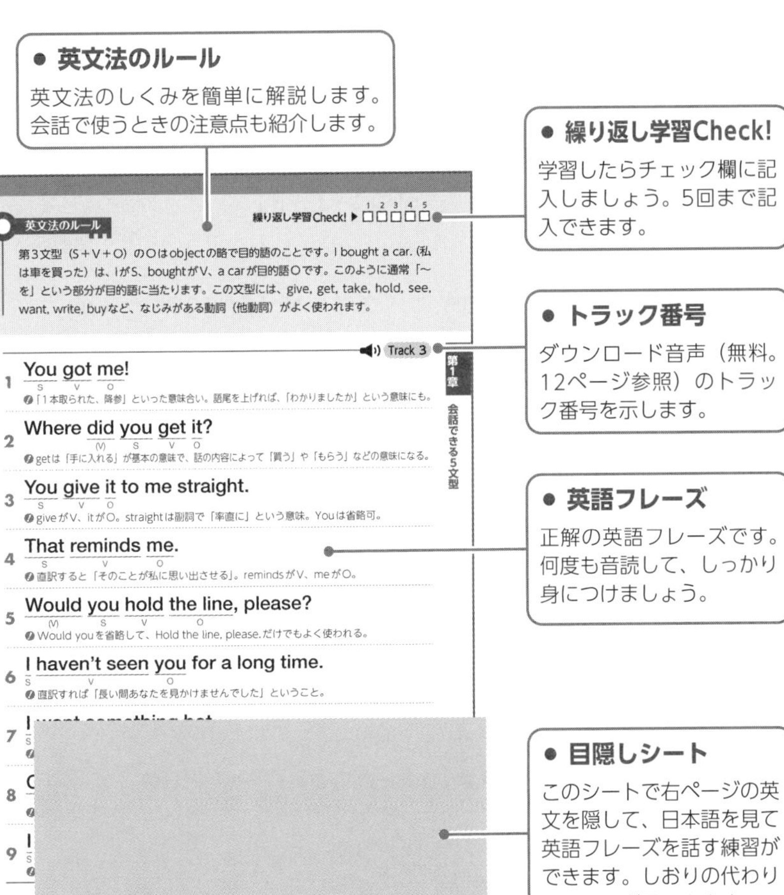

● 英文法のルール
英文法のしくみを簡単に解説します。会話で使うときの注意点も紹介します。
● 繰り返し学習Check!
学習したらチェック欄に記入しましょう。5回まで記入できます。
● トラック番号
ダウンロード音声（無料。12ページ参照）のトラック番号を示します。
● 英語フレーズ
正解の英語フレーズです。何度も音読して、しっかり身につけましょう。
● 目隠しシート
このシートで右ページの英文を隠して、日本語を見て英語フレーズを話す練習ができます。しおりの代わりとしても利用できます。
英文法のルール
繰り返し学習Check! ▶ 1 2 3 4 5
第3文型（S＋V＋O）のOはobjectの略で目的語のことです。I bought a car.（私は車を買った）は、IがS、boughtがV、a carが目的語Oです。このように通常「～を」という部分が目的語に当たります。この文型には、give, get, take, hold, see, want, write, buyなど、なじみがある動詞（他動詞）がよく使われます。
Track 3
第1章 会話できる5文型
1 You got me!
「1本取られた、降参」といった意味合い。語尾を上げれば、「わかりましたか」という意味にも。
2 Where did you get it?
getは「手に入れる」が基本の意味で、話の内容によって「買う」や「もらう」などの意味になる。
3 You give it to me straight.
giveがV、itがO。straightは副詞で「率直に」という意味。Youは省略可。
4 That reminds me.
直訳すると「そのことが私に思い出させる」。remindsがV、meがO。
5 Would you hold the line, please?
Would youを省略して、Hold the line, please.だけでもよく使われる。
6 I haven't seen you for a long time.
直訳すれば「長い間あなたを見かけませんでした」ということ。

音声ダウンロードのしかた

STEP 1 商品ページにアクセス！ 方法は次の3通り！

① QRコードを読み取ってアクセス。

② https://www.jresearch.co.jp/book/b639054.html を入力してアクセス。

③ Ｊリサーチ出版のホームページ（https://www.jresearch.co.jp/）にアクセスして、「キーワード」に書籍名を入れて検索。

STEP 2 ページ内にある「音声ダウンロード」ボタンをクリック！

STEP 3 ユーザー名「1001」、パスワード「26097」を入力！

STEP 4 音声の利用方法は2通り！ 学習スタイルに合わせた方法でお聴きください！

1 「音声ファイル一括ダウンロード」より、ファイルをダウンロードして聴く。

2 ▶ボタンを押して、その場で再生して聴く。

※ダウンロードした音声ファイルは、パソコン・スマートフォンなどでお聴きいただくことができます。一括ダウンロードの音声ファイルは .zip 形式で圧縮してあります。解凍してご利用ください。ファイルの解凍が上手く出来ない場合は、直接の音声再生も可能です。

音声ダウンロードについてのお問合せ先：
toiawase@jresearch.co.jp（受付時間：平日9時～18時）

第1章

会話できる
5文型

英文の基礎である「5文型」からスタートして、「否定文」「命令文」「感嘆文」を練習しましょう。文の仕組みを意識してしっかり話してみましょう。

Track 1 ▶▶ Track 8

シンプルでもスゴ～ク話せる！
第1文型

▶▶▶▶ 英文で最もシンプルな第1文型（S＋V）で、とてもたくさんのことが話せます。第1文型を会話で使う練習をしてみましょう。

- □ **1** それはテーブルの上にあります。　▶ is
- □ **2** その公園にはよく行きます。　▶ go
- □ **3** 私が払います。　▶ will pay
- □ **4** その映画は8時からです。　▶ start(s)
- □ **5** 彼はあなたを待っています。　▶ is waiting
- □ **6** 明日は雨が降るでしょう。　▶ will rain
- □ **7** いいですか。　▶ Do ～ mind
- □ **8** どうだっていいよ。　▶ care(s)
- □ **9** オーストラリアに行ったことがあります。　▶ have been

ヒント 9 気にする：care

英文法のルール

繰り返し学習Check! ▶ □□□□□ (1 2 3 4 5)

第1文型とはS＋V、つまり「主部」と「述部」で成り立つ文型です。Taro studies hard.（太郎は一生懸命勉強する）は、TaroがS、studiesがVで、この部分だけで「太郎は勉強する」と意味が通じます。Taro doesn't study hard.と否定文にするとVはdoesn't studyの部分になり、「太郎は勉強しない」となります。

Track 1

1 **It's on the table.**
S: It / V: 's
❗複数のモノがある場合はThey are on the table.となる。

2 **I often go to the park.**
S: I / V: go
❗often（よく）、to the park（公園に）と、情報を付け足している。

3 **I'll pay for it.**
S: I / V: 'll pay
❗ちなみにIt's on me.も同じ意味を表現できる第1文型である。

4 **That movie starts at eight.**
S: That movie / V: starts
❗That movieの部分を具体的なタイトルに変えて使える。

5 **He's waiting for you.**
S: He / V: 's waiting
❗進行形の's waiting (= is waiting)の部分がVの要素。

6 **It'll rain tomorrow.**
S: It / V: 'll rain
❗天気（It's snowing.）や時刻（It's seven twenty now.）では、itを主語として使う。

7 **Do you mind?**
(V): Do / S: you / V: mind
❗許可を求める場合、また迷惑なのでやめてほしいと言う場合にも使える。

8 **Who cares?**
S: Who / V: cares
❗直訳すれば「誰が気にするか」→「誰も気にしない」「どうでもいい」という意味合い。

9 **I've been to Australia.**
S: I / V: 've been
❗「〜したことがある」という経験を語る場合に使う。

UNIT 2

be動詞を使いこなそう

第2文型

▶▶▶▶ 第２文型（S＋V＋C）は使える動詞がほぼ決まっています。S＝Cの関係が成り立ちます。会話フレーズで練習してみましょう。

□ **1** グレッグはとても一生懸命働きます。 ▶ is

□ **2** これらの問題はとても難しいです。 ▶ are

□ **3** 本当にそれで間違いないですか。 ▶ Are ~

□ **4** 気分が悪いです。 ▶ feel

□ **5** かっこいいですよ！ ▶ look

□ **6** 父はかなり動揺しているようでした。 ▶ seemed

□ **7** 私は会社を辞めてから、作家になりました。 ▶ became

□ **8** それはイチゴの味がしますね。 ▶ taste(s)

□ **9** 最近、暖かくなってきましたね。 ▶ is getting

ヒント **6** 動揺して：upset　**7** 会社を辞める：leave a company　**9** 最近：recently

繰り返し学習Check! ▶ 1 □ 2 □ 3 □ 4 □ 5 □

第2文型（S＋V＋C）のCはcomplementの略で補語、つまりSを説明してその文を完成させる語で、主に形容詞や名詞です。第2文型か第3文型かで迷ったら、主語を説明しているかどうかで判断しましょう。Vとして使われる多くはbe動詞です。be動詞以外には、become, seem, feel, look, taste, get, go, turnなどです。

Track 2

1 **Greg is such a hard worker.**
S: Greg / V: is / C: such a hard worker
同じ意味をS＋VでGreg works very hard.とも表現できる。

2 **These problems are very difficult.**
S: These problems / V: are / C: very difficult

3 **Are you sure about that?**
V: Are / S: you / C: sure
How can you be so sure?（なぜ、そんなに確信が持てるのですか）も覚えてこう。

4 **I feel sick.**
S: I / V: feel / C: sick
I'm sick.も同様の意味。

5 **You look nice!**
S: You / V: look / C: nice
You look nice in that dress.（そのドレスを着るととてもきれいね）などのように応用できる。

6 **My father seemed quite upset.**
S: My father / V: seemed / C: quite upset
seemは「～のようだ、～のように見える」という意味。

7 **I became a writer after leaving a company.**
S: I / V: became / C: a writer
wasやwereの代わりにbecameを使うこともできる。

8 **That tastes like strawberry.**
S: That / V: tastes / C: like strawberry
smell（においがする）も、It smells strange.のように第2文型で使える。

9 **It's getting warmer recently.**
S: It / V: 's getting / C: warmer
ここで使われているSのitは、天候や時間などで使われる形式的なもの。

UNIT 3

一番活躍するのはコレ！
第3文型

▶▶▶▶▶ 第３文型（S＋V＋O）は会話でも最もよく使うパターンです。さまざまな動詞を使ってしっかり練習しましょう。

□ **1** まいった！ ▶ got

□ **2** どこでそれを買ったのですか。 ▶ did ～ get

□ **3** はっきり言ってください。 ▶ give

□ **4** それで思い出しました。 ▶ remind(s)

□ **5** 切らずにお待ちいただけますか。 ▶ Would ～ hold

□ **6** 久しぶりですね。 ▶ haven't seen

□ **7** 何か温かいものがほしいです。 ▶ want

□ **8** 書いていただけますか。 ▶ Could ～ write

□ **9** 海外旅行に行く余裕はない。 ▶ can't afford

ヒント **3** はっきり：straight　**9** 海外旅行に行く：travel abroad

繰り返し学習Check! ▶ 1☐ 2☐ 3☐ 4☐ 5☐

第3文型（S＋V＋O）のOはobjectの略で目的語のことです。I bought a car.（私は車を買った）は、IがS、boughtがV、a carが目的語Oです。このように通常「～を」という部分が目的語に当たります。この文型には、give, get, take, hold, see, want, write, buyなど、なじみがある動詞（他動詞）がよく使われます。

Track 3

1 **You got me!**
S V O
「1本取られた、降参」といった意味合い。語尾を上げれば、「わかりましたか」という意味にも。

2 **Where did you get it?**
(V) S V O
getは「手に入れる」が基本の意味で、話の内容によって「買う」や「もらう」などの意味になる。

3 **You give it to me straight.**
S V O
giveがV、itがO。straightは副詞で「率直に」という意味。Youは省略可。

4 **That reminds me.**
S V O
直訳すると「そのことが私に思い出させる」。remindsがV、meがO。

5 **Would you hold the line, please?**
(V) S V O
Would youを省略して、Hold the line, please.だけでもよく使われる。

6 **I haven't seen you for a long time.**
S V O
直訳すれば「長い間あなたを見かけませんでした」ということ。

7 **I want something hot.**
S V O
wantをwould likeと言い換えてもOK。would likeの方が丁寧だと感じるネイティブも多い。

8 **Could you write it down, please?**
(V) S V O
スペルがわからない場合や、相手の言っていることが聞き取れない場合などに使える。

9 **I can't afford to travel abroad.**
S V O
affordは「買うことができる」「金銭的な余裕がある」という意味。

UNIT 4

目的語が２つある 第４文型

第４文型（S＋V＋O_1＋O_2）は目的語を２つとるものです。限られた動詞しか使われないので、動詞を意識しながら練習しましょう。

□ **1** 彼にもっと時間を与えるべきですよ。 ▶ should give

□ **2** 何か食べるものを取ってきましょうか。 ▶ Shall ～ get

□ **3** 息子に新しいスマートフォンを買ってやりました。 ▶ bought

□ **4** 電話番号を教えていただけますか。 ▶ Could ～ tell

□ **5** その話をしましょうか。 ▶ Shall ～ tell

□ **6** 彼をこらしめてやるつもりです。 ▶ am going to teach

□ **7** 彼らは、私たちに面白い仕事を依頼してきました。 ▶ offered

□ **8** マイクにお見舞いのカードを送りましたか。 ▶ Did ～ send

□ **9** この車はとても高価だった。 ▶ cost

ヒント **8** お見舞いカード：get-well card　**9** 高価なもの：fortune

繰り返し学習Check! ▶ 1 □ 2 □ 3 □ 4 □ 5 □

第4文型（S＋V＋O_1＋O_2）のO_1は通常、人やグループ、O_2は物などです。例えばI gave Lee this book.（私はこの本をリーにあげた）のように、give（与える）の目的語として「誰に」「何を」という2つの目的語が続きます。この文型には、give, get, buy, tell, show, teach, offer, send, costなどの動詞がよく使われます。

Track 4

1 **You should give him more time.**
S（You） V（should give） O_1（him） O_2（more time）
❗You should give more time to him.と言い換えれば、第3文型になる。

2 **Shall I get you something to eat?**
(V)（Shall） S（I） V（get） O_1（you） O_2（something to eat）
❗立食パーティーなどで使える表現。第3文型はShall I get something to eat for you?

3 **I bought my son a new smartphone.**
S（I） V（bought） O_1（my son） O_2（a new smartphone）
❗第3文型は、I bought a new smartphone for my son.

4 **Could you please tell me your phone number?**
(V)（Could） S（you） V（tell） O_1（me） O_2（your phone number）
❗tell meの部分はほぼ決まり文句のように使われる。

5 **Shall I tell you the story?**
(V)（Shall） S（I） V（tell） O_1（you） O_2（the story）

6 **I'm going to teach him a lesson.**
S（I） V（'m going to teach） O_1（him） O_2（a lesson）
❗「teach＋人＋a lesson」で、「教訓を与える、罰を与える」という意味。

7 **They offered us an interesting job.**
S（They） V（offered） O_1（us） O_2（an interesting job）
❗第3文型は、They offered an interesting job to us.

8 **Did you send Mike a get-well card?**
(V)（Did） S（you） V（send） O_1（Mike） O_2（a get-well card）
❗第3文型は、Did you send a get-well card to Mike?

9 **This car cost me a fortune.**
S（This car） V（cost） O_1（me） O_2（a fortune）
❗costは過去形、過去分詞形もcost。It'll cost you.なら「それは高くつく＝大変なことになるよ」。

UNIT 5

決まった動詞を使う 第５文型

第５文型（S＋V＋O＋C）は動詞の後に目的語と補語が続きます。第４文型と同じように、使われる動詞は限られたものです。

□ 1	アンはいつも私を幸せな気分にしてくれる。	▶ make(s)
□ 2	なぜそんなに怒っているのですか。	▶ made
□ 3	私たちはうちの犬をラッキーと呼んでいる。	▶ call
□ 4	それでも医者のつもりですか。	▶ call
□ 5	お待たせしました。	▶ have kept
□ 6	ドアを開けたままにしておきました。	▶ left
□ 7	私たちだけにしてくれますか。	▶ Could ～ leave
□ 8	多くの女性がその俳優をとても魅力的だと思っている。	▶ find
□ 9	彼は自分を賢いと思っているんですよ。	▶ think(s)

ヒント 8 魅力的な：attractive　9 賢い：smart

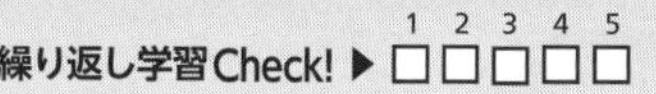

第5文型（S＋V＋O＋C）では、例えば、Ted makes Martha happy.（テッドはマーサを幸せな気持ちにさせる）という文で、OのMarthaがhappyという状態になるので、O＝Cだと考えることができます。第5文型には、make, call, keep, leave, find, considerなどの動詞が使われます。

Track 5

1 **Ann always makes me happy.**
S V O C
me (O) がhappy (C) と感じるので、イコールの関係と考えることができる。

2 **What made you so angry?**
S V O C
直訳すれば、「何があなたをそんなに怒らせたのか」。

3 **We call our dog Lucky.**
S V O C
callは「OをCと呼ぶ」という第5文型をとれる。

4 **And you call yourself a doctor?**
S V O C
直訳すれば「自分自身を医者と呼ぶのか」と、批判する場合に使われる表現。

5 **I have kept you waiting.**
S V O C
you (O) をwaiting (C) という状態にしているので、you＝waitingと考えることができる。

6 **I left the door open.**
S V O C
the door (O)＝open (C)。

7 **Could you leave us alone, please?**
(V) S V O C
Leave me alone.は「一人にしてください」「ほおっておいてください」といった意味。

8 **Lots of women find the actor very attractive.**
S V O C
the actor (O)＝very attractive (C)

9 **He thinks himself smart.**
S V O C
himself (O)＝smart (C)。

第1章 会話できる5文型

否定辞をはっきり発音しよう
否定文

▶▶▶▶ 否定文とは、not, neverなどを用いて、「～ではない」という否定の意味を表現する文です。会話ではこの否定辞をはっきり発音することが大切です。

□ **1** 彼がいい人だとは思わない。 ▷ don't

□ **2** あなたを傷つけるつもりはありませんでした。 ▷ didn't

□ **3** シルヴィアはお酒をまったく飲みません。 ▷ doesn't

□ **4** お礼の申し上げようもありません。 ▷ can't

□ **5** その知らせには驚きませんでした。 ▷ wasn't

□ **6** 絶対ということはない。 ▷ never

□ **7** そこにいるとは思いますが、もしいなかったら電話してください。 ▷ if not

□ **8** あなたが好きであろうが嫌いであろうが、何も変わりません。 ▷ or not

□ **9** マーティンから手紙をもらうことはほぼないですね。 ▷ hardly ever

ヒント **2** 傷つける：hurt　**8** 何も変わらない：not make any difference
9 手紙をもらう：hear from

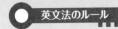

繰り返し学習Check! ▶ 1 □ 2 □ 3 □ 4 □ 5 □

否定文の基本は、do (did), can (could), will (would)などの助動詞や、am (was), is (was), are (were)といったbe動詞の後にnotやneverを付けてつくります。また、hardly (= almost not)やrarely (= not often)を用いて、「ほとんど（めったに）～ない」という意味を持つ否定文をつくることもできます。

Track 6

1 **I don't think he's a nice person.**

I think he's not a nice person.と言っても通じるが、通常I don't think ～と先に否定する。

2 **I didn't mean to hurt you.**

not mean to ～で「～するつもりはない」といった意味合いになる。

3 **Silvia doesn't drink at all.**

do（I, youまたは複数のものが主語の場合）とdoesを使い分けよう。

4 **I can't thank you enough.**

直訳すれば「十分感謝できない」、つまりいくら感謝してもしつくせないという気持ちを表す。

5 **The news wasn't surprising to me.**

直訳すれば「その知らせは、私にとって驚き（目新しいもの）ではなかった」。

6 **Never say never.**

「絶対ないとは絶対言うな」という意味合い。

7 **I should be there, but if not, please give me a call.**

if I'm not thereやif I weren't thereを省略して、if notとしている。

8 **It doesn't make any difference if you like it or not.**

like it or notで「好むと好まざるとにかかわらず」「いやがおうでも」といった意味。

9 **We hardly ever hear from Martin.**

この場合hardly everはalmost never（ほぼ～ない）という意味合い。

UNIT 7

定番フレーズを覚えよう
命令文

▶▶▶▶ 命令文はカジュアルな会話でよく使います。定番パターンを中心に練習しましょう。失礼になることもあるので、TPOをわきまえて使うようにしましょう。

□ 1 受け取って。 ▶ Catch

□ 2 さぁ！ ▶ Come ～

□ 3 静かにしてください。 ▶ Keep ～

□ 4 ボビー、今すぐここに来なさい。 ▶ come ～

□ 5 足下に気をつけて。 ▶ Watch ～

□ 6 時間を守りなさい。 ▶ Be ～

□ 7 ちょっと手伝ってくれませんか。 ▶ Give ～

□ 8 楽しんでね。 ▶ Have ～

□ 9 恥ずかしがらずに。 ▶ Don't be ～

ヒント 5 足下：step　9 恥ずかしい：shy

英文法のルール

繰り返し学習Check! ▶ 1 □ 2 □ 3 □ 4 □ 5 □

「〜しなさい」という意味を表現する命令文は通常、主語を省略して、Come here.（ここへ来なさい）のように表現します。主語Youを付けてYou come here.としても同意です。Please come here.とpleaseを付けると少しは丁寧になりますが、命令文であることに変わりはないため、使い方に注意しましょう。

Track 7

1 **Catch!**

❗ リンゴなどを相手に放り投げて「受け取って」という場合。

2 Come **on!**

❗「いい加減にしてくれ」「頼むからさ」「勘弁してよ」など、状況次第でいろいろな意味になる。

3 Keep **quiet, please.**

❗ Be quiet, please.とほぼ同意。

4 **Bobby,** come **here right now.**

❗ 親が子供を、あるいは上司が部下を呼びつける場合などによく使う。

5 Watch **your step.**

❗ Watch your head.（頭上注意）、Watch yourself.（言動に注意しなさい）などもよく使う。

6 Be **on time.**

❗ Don't be late.（遅れないでね）も同意。

7 Give **me a hand, will you?**

❗ 命令文の最後にwill you を付けるのもよくあるパターン。won't youと否定にして付ける場合も。

8 Have **a good time.**

❗ 出かける人などに「楽しいひとときを」という意味でかける言葉。Have fun.も同意。

9 Don't be **shy.**

❗ 内気な人や、恥ずかしがってもじもじしている人に対して。

UNIT 8

パターンを口慣らししよう

感嘆文・There is構文

▶▶▶▶ 感嘆文とThere is構文も会話でよく使うものです。シンプルな表現で練習しておきましょう。

- □ 1 なんという日なのでしょう！　▶ What ～
- □ 2 とてもいい人ですね！　▶ Such ～
- □ 3 なんてひどいのでしょう！　▶ How ～
- □ 4 頭がいいですね！　▶ How ～
- □ 5 近くにコンビニはありますか。　▶ Is there ～
- □ 6 いくつかクッキーが残っています。　▶ There are ～
- □ 7 来たのね！　▶ There ～ are
- □ 8 当時は携帯電話がなかったのです。　▶ There were ～
- □ 9 メニューについて多くの苦情が寄せられています。　▶ There have been ～

ヒント　3 ひどい：terrible　5 コンビニ：convenience store　9 苦情：complaint

繰り返し学習Check! ▶ 1 □ 2 □ 3 □ 4 □ 5 □

感嘆文はWhat (Such)やHowなどで始まり、最後は感嘆符「!」で終わります。WhatやSuchはWhat [Such] a great view!（なんてすばらしい景色なんだ）のように名詞が中心となり、HowはHow great this view is!のように形容詞や副詞が続きます。There is ～構文は「～があります」の「～」の部分が単数か複数かに注意。

Track 8

1 **What a day!**

良いことが続いた日、悪いことが続いた日のどちらにも使える。

2 **Such a nice person!**

状況次第で、「すてき」「かっこいい」という外見にも「性格が良い」という内面にも使える。

3 **How terrible it is!**

例えばYou don't know how terrible it is.のように、文中で使うこともできる。

4 **How smart you are!**

Whatを使うなら、What a smart person [guy] you are!となる。

5 **Is there a convenience store near here?**

There is a convenience store near here.（近くにコンビニがあります）を疑問文にしたもの。

6 **There are some cookies left.**

there is ～かthere are ～かは、続くものが単数か複数かで使い分けよう。

7 **There you are!**

「そこにいたのね」「その調子だよ」など、状況次第でいろいろな意味合いになる。

8 **There were no cell phones at that time.**

There was [were]とすれば、過去のことについて表現できる。

9 **There have been lots of complaints about the menu.**

ある過去の時点から現在までずっと苦情が来ている様子を表現している。

Column 1

自動詞と他動詞を区別しよう

動詞には、自動詞と他動詞があります。

自動詞は「主語＋動詞」だけで文が完成します。例えばThe sun rises.（太陽は昇る）のriseは自動詞です。

これに対して、他動詞は目的語を必要とするものです。例えばI give him this book.（私は彼にこの本をあげる）のように、giveは「～に」や「～を」という目的語を伴って１つの文を完成させることができます。I giveだけで止めてしまうと、「誰に」「何を」という部分がわからず、文が途中でプツリと途切れたようになってしまいます。

例文と一緒に覚えれば、自動詞と他動詞も覚えやすいでしょう。

☞ UNIT 1 ～ 5参照

第2章

会話できる疑問文

「be動詞・一般動詞疑問文」「疑問詞疑問文」から、「付加疑問文」「否定疑問文」まで、すべての疑問文を練習します。どんなことでも質問できるようになります。

Track 9 ▸▸ Track 17

UNIT 9

be動詞を先頭に
be動詞疑問文

▶▶▶▶ be動詞の疑問文をつくるのは簡単です。会話ではさまざまなことが聞けるので、口をついて出るように練習しましょう。

□ **1** ピート、あなたなのですか。 ▶ Is ～

□ **2** それはどうしても必要ですか。 ▶ Is ～

□ **3** 大丈夫ですか。 ▶ Are ～

□ **4** 本当に？ ▶ Are ～

□ **5** 日曜日は開いていますか。 ▶ Are ～

□ **6** それらはあなたのですか。 ▶ Are ～

□ **7** 部屋は空いていますか。 ▶ Is ～

□ **8** そのとき、彼女はあなたと一緒だったのですか。 ▶ Was ～

□ **9** あなたはそこにいたのですか。 ▶ Were ～

ヒント **2** どうしても必要なもの：must　**7**（部屋が）空いている：available

繰り返し学習Check! ▶ 1 □ 2 □ 3 □ 4 □ 5 □

be動詞がある文を疑問文にする場合は、主語とbe動詞を入れ替えます。That is a good idea.（それはいい案ですね）という文なら、ThatというS（主語）と、be動詞のisを入れ替えて、Is that a good idea?とすれば、「それはいい案でしょうか」という疑問文になります。実際に発話する場合は語尾を上げるのが基本です。

Track 9

1 **Is that you, Pete?**

久しぶりに会って見違えた人、ドアの向こうにいて見えない人などに対して使える。

2 **Is it a must?**

相手の言ったことをitやthatなどに置き換えて、必要なのかと尋ねる場合に使う。

3 **Are you all right?**

気分が悪そうな人や、転んでしまった人、ショックを受けている人などに。

4 **Are you sure?**

Are you sure you don't want to come?（本当に来たくないの？）と、確認したい内容を続けてもOK。

5 **Are you open on Sundays?**

店や施設などの人に尋ねるフレーズ。

6 **Are they yours?**

2つ以上あるものを指して、「あなたのものか」と尋ねる表現。

7 **Is the room available?**

availableは「利用できる」「入手できる」などの意味を表現する。

8 **Was she with you at that time?**

be動詞の過去形wasを使っている。at that timeは過去の「あのとき」という意味。

9 **Were you there?**

be動詞の過去形wereを使っている。聖歌のタイトルにも、このフレーズがある。

UNIT 10

助動詞がすぐに言えるように
一般動詞疑問文

▶▶▶▶ 一般動詞疑問文はdo, does, didで始めるだけです。会話で瞬時にこの操作ができるようにしましょう。

□ 1	中華料理は好きですか。	▶ Do ~
□ 2	タバコを吸ったり、お酒を飲んだりしますか。	▶ Do ~
□ 3	これはいいアイデアだと思いますか。	▶ Do ~
□ 4	ジュディスとマイクは同じ所で働いているのですか。	▶ Do ~
□ 5	あなたの弟は車を持っていますか。	▶ Does ~
□ 6	そのネクタイは、このシャツと合うでしょうか。	▶ Does ~
□ 7	何かいいものがありましたか。	▶ Did ~
□ 8	アリスとレイは、そこへ一緒に行きましたか。	▶ Did ~
□ 9	子供時代は一緒に学校に通ったのですか。	▶ Did ~

繰り返し学習Check! ▶ 1 □ 2 □ 3 □ 4 □ 5 □

一般動詞の疑問文をつくる場合、do, does, didという助動詞を使います。doは現在のことで、主語がIやyou、または複数の場合に使います。主語がTaroやMy brother、he、sheなどIとyou以外で単数の場合は、doesを使います。過去のことを質問する場合は主語の単複・人称にかかわらずdidを使います。

Track 10

1 **Do you like Chinese food?**

「あなたのご主人は中華料理が好きですか」なら、Does your husband like Chinese food?となる。

2 **Do you smoke or drink?**

「あなたの奥さんはタバコを吸いますか」なら、Does your wife smoke?となる。

3 **Do you think this is a good idea?**

4 **Do Judith and Mike work for the same place?**

5 **Does your brother have a car?**

弟が2人いるならDo your brothers have cars? となる。

6 **Does that tie go with this shirt?**

ネクタイが2本以上ある場合は、Do those ties go with this shirt?となる。

7 **Did you find anything nice?**

買い物から戻った人などに。

8 **Did Alice and Ray go there together?**

9 **Did you go to school together when you were kids?**

この場合のyouは、「あなたたちは」と2名以上の人に対して使われている。

UNIT 11

使い方に慣れよう
付加疑問文・否定疑問文

▶▶▶▶ 付加疑問文は会話でよく使います。本文が肯定なら付加部分は否定形、本文が否定なら付加部分は肯定形です。否定疑問文も一緒に練習しましょう。

□ 1 いいお天気ですね。 ▷ ~ , isn't it?

□ 2 あれは、あなたのことだったんですね。 ▷ ~ , wasn't it?

□ 3 彼らは一生懸命働きますよね。 ▷ ~ , aren't they?

□ 4 あなたの責任じゃなかったんですよね。 ▷ ~ , was it?

□ 5 その村の人たちは、皆親切でしたね。 ▷ ~ , weren't they?

□ 6 映画を見るのは好きですよね。 ▷ ~ , don't you?

□ 7 あなたは、それがいいとは思わなかったんですよね。 ▷ ~ , did you?

□ 8 そう思いませんか。 ▷ Wouldn't ~

□ 9 ちょっといらいらしてないですか。 ▷ Aren't ~

ヒント 4 責任：fault　9 いらいらしている：edgy

繰り返し学習Check! ▶ 1 □ 2 □ 3 □ 4 □ 5 □

付加疑問文とは、You like sushi, don't you?（お寿司、好きですよね）など、平叙文の最後にdoやbe動詞と主語を付け加える疑問文のことで、「～ですよね／～ではないですよね」という意味合いを表現します。挨拶などに使われる、あまり深い意味がないものから、自分の希望を述べるものなど、さまざまな使い方ができます。

Track 11

1 It's beautiful, isn't it?

「天気がいいですね」のほか、何かを指して「あれはきれいですね」と言える。

2 It was about you, wasn't it?

過去形の場合は、付加疑問の部分も過去形にする。

3 They are hard workers, aren't they?

２人以上の場合は、be動詞はareになる。

4 It wasn't your fault, was it?

語尾を上げると軽く聞いている感じで、下げると確認したり、語調によっては責める感じにもなる。

5 People in the village were very kind, weren't they?

6 You like watching movies, don't you?

軽く「～ですよね」と付け足す感じで言う場合、don't you?↗と語尾を上げる。

7 You didn't think it was good, did you?

8 Wouldn't you agree?

否定疑問文。応答は肯定ならYes, I would.、否定ならNo, I wouldn't.となる。

9 Aren't you being a little edgy?

beingと進行形にすることで、今現在を強調する。

UNIT 12

「何」「どの」を聞く What/Which疑問文

疑問詞疑問文の代表はWhatを使うもので、さまざまなことを聞くことができます。Which疑問文と一緒に練習しましょう。

□ 1 何を言っているの？ ▶What ～

□ 2 どうしたのですか。 ▶What ～

□ 3 ランチに何を食べたい？ ▶What ～

□ 4 何時に会いましょうか。 ▶What time ～

□ 5 どんな音楽が好きですか。 ▶What kind of ～

□ 6 どれがあなたのものですか。 ▶Which ～

□ 7 どちらが好きですか。 ▶Which ～

□ 8 どれがいいですか。 ▶Which ～

□ 9 合衆国のどこですか。 ▶Which part of ～

繰り返し学習Check! ▶ □□□□□ (1 2 3 4 5)

Whatを疑問文で使う場合の基本はWhat's your name?（あなたのお名前は？）のように、「何か」を質問することです。WhichはWhich would you like?（どれがいいですか）と尋ねるように、2つ以上ある選択肢の中で「どれか」と質問するのが基本です。

Track 12

1 **What are you talking about?**

「何をとぼけたことを言っているのか」と、相手を責める気持ちをこめて言うこともできる。

2 **What's the matter with you?**

何が問題なのかという意味で、いつもと様子が違う、体調が悪そうな人に尋ねることができる。

3 **What do you want for lunch?**

What do you want?だけでは、失礼にあたることが多いので注意しよう。

4 **What time should we meet?**

whatの後にtimeを付けると、「何時」と時間を尋ねる言い方になる。

5 **What kind of music do you like?**

kindは複数のkindsでもいい。What type(s) of ～？も同意。

6 **Which is yours?**

例えば、お客さんが数名来ていてコートが何着か掛かっている場合などに使える。

7 **Which one do you like better?**

複数の選択肢のうちの「どれが好きか」と聞きたい場合に便利。

8 **Which would you prefer?**

2つ以上あるものから、どれがいいかと尋ねる言い方。

9 **Which part of the United States?**

この文にare you from?を続けると「合衆国のどちらからいらしたのですか」となる。

UNIT 13

「誰」「誰の」を聞く
Who/Whose疑問文

▶▶▶▶ 人について尋ねるWhoを練習しましょう。会話の相手に対してWho are you?は失礼なので使わないこと。Whose疑問文も一緒に練習しましょう。

□ **1** ドアの所にいる男性は誰ですか。 ▶Who ～

□ **2** 自分を誰だと思っているのですか。 ▶Who ～

□ **3** どちらにお勤めですか。 ▶Who ～

□ **4** 誰が選挙で勝つだろうか。 ▶Who ～

□ **5** 誰が誰と別れたの？ ▶Who ～ who

□ **6** こんなこと、誰がしたの？ ▶Who ～

□ **7** この汚い部屋は誰の部屋なの？ ▶Whose ～

□ **8** これは誰のノートパソコンですか。 ▶Whose ～

□ **9** これらの派手なネクタイは誰のですか。 ▶Whose ～

ヒント **4** 選挙：election　**9** 派手な：showy

繰り返し学習Check! ▶ 1 □ 2 □ 3 □ 4 □ 5 □

Whoを疑問文で使う場合は、Who is he?（彼は誰ですか）、Who's there?（そこにいるのは誰ですか）のように「誰か」を尋ねることが基本になります。Whoseを疑問文で使うと、Whose is this?（これは誰のものですか）のように、「誰のものか」を尋ねることができます。

Track 13

1 **Who is the man at the door?**

Who is the man? を基本に、in black（黒い服を着ている）など情報を付加できる。

2 **Who do you think you are?**

「何様のつもりだ？」という意味合いの表現で、偉そうなことを言う人などに対して。

3 **Who do you work for?**

直訳すれば「誰のために働いていますか」。この場合のWhoはWhich companyと同意。

4 **Who will win the election?**

win the electionは、「選挙に勝つ、当選する」という意味。

5 **Who left who?**

「誰が誰のもとを去ったのか」、つまり「別れてどちらが出て行ったのか」という意味。

6 **Who did this?**

「誰のしわざ？」と非難する意味合い。Michael did. などと答える。

7 **Whose dirty room is this?**

8 **Whose is this laptop?**

laptop（ノート型パソコン）

9 **Whose are these showy ties?**

「いつ」「どこ」を聞く When/Where疑問文

▶▶▶▶ WhenとWhereは「時」と「場所」を尋ねる疑問文をつくり、日常会話でとてもよく使います。代表的なフレーズで練習しましょう。

□ **1** セミナーはいつですか。 ▶ When ～

□ **2** いつ戻ってきますか。 ▶ When ～

□ **3** いつ結婚されたのですか。 ▶ When ～

□ **4** いつがいいですか。 ▶ When ～

□ **5** いつ、どこで？ ▶ When ～ where

□ **6** いつから音楽に関心があるの？ ▶ ～ when ～

□ **7** どこへ行くのですか。 ▶ Where ～

□ **8** どこにいるのですか。 ▶ Where ～

□ **9** それはどこにありますか。 ▶ Where ～

ヒント 4 (都合が)いい：convenient

繰り返し学習Check! ▶ 1 □ 2 □ 3 □ 4 □ 5 □

Whenを疑問文で使うと、When is it?（それはいつですか）のように、「いつか」を尋ねるのが基本となります。Whereを疑問文で使うと、Where are you going?（どこへ行くのですか）のように、「どこへ」を尋ねることができます。When and where?と同時に質問することもできます（フレーズ5）。

Track 14

1 **When is the seminar?**

the seminarの部分をyour birthdayなどに変えて、どんどん使おう。

2 **When are you coming back?**

When will you come back?、When will you be back?なども同意。

3 **When did you get married?**

Whenの後に過去形を続けたフレーズ。

4 **When is convenient for you?**

相手の都合を聞く便利な表現。（×）When are you convenient?とは言わない。

5 **When and where?**

人と会う場合など、時と場所を決めるために使える表現。

6 **Since when have you been interested in music?**

Since when?だけでもよく使う。「一体いつから？」と驚きや怒りも表現できる。

7 **Where are you off to?**

偶然会った知人に尋ねる場合の表現。

8 **Where are you?**

電話などで話している相手の居場所を聞く場合などに使える。

9 **Where can I find it?**

直訳すれば「どこでそれを見つけることができますか」。

UNIT 15

理由・目的を聞く
Why疑問文

▶▶▶▶ 日常会話やビジネスで、whyを使って相手に理由を聞く場面はよくあります。また、Why don't you ～?のような提案表現もつくれます。

□ 1 それはなぜ重要なのですか。 ▶ Why ～

□ 2 なぜだめなのですか。 ▶ Why ～

□ 3 なぜ私なのですか。 ▶ Why ～

□ 4 なぜそれが好きなのですか。 ▶ Why ～

□ 5 なぜそう思ったのですか。 ▶ Why ～

□ 6 なぜ怒っているのですか。 ▶ Why ～

□ 7 なぜ豆腐が好きじゃないのですか。 ▶ Why ～

□ 8 その試験を受けてみたらどうですか。 ▶ Why don't you ～

□ 9 それを使ってみましょう。 ▶ Why don't we ～

ヒント 8 試験：exam

繰り返し学習Check! ▶ 1 □ 2 □ 3 □ 4 □ 5 □

Whyの基本は、Why is that?（それはなぜなのですか）と「理由」を尋ねることにあります。Why ～?と理由を聞かれた場合、応答の基本はBecause ～（なぜなら～）と理由を述べることです。Becauseを使わずにTo meet Ms. Donald.（ドナルドさんと会うために）などと目的を述べる応答も可能です。

Track 15

1 Why is it important?

itをいろいろなものに変えて使おう。Why is this book important to you?など。

2 Why not?

文字通りの意味と、「いいではないか」「ぜひそうしましょう」などの意味合いでも使う。

3 Why me?

なぜ自分で、他の人ではないのかという気持ちを表現できる。

4 Why do you like it?

What do you see in it?もほぼ同意。

5 Why did you think so?

What made you think so?も似通った意味。

6 Why are you angry?

怒っている相手に対して。angryを、sad（悲しい）、so happy（とても嬉しそう）などに変えて使おう。

7 Why don't you like *tofu*?

文字通り、なぜ好きではないのかと尋ねる表現。

8 Why don't you take that exam?

Why don't you ～？には「～してはどうですか」という提案の用法もある。

9 Why don't we use it?

「なぜ使わないのか」→「使ってみよう」という意味。

UNIT 16

様態・方法を聞く How 疑問文

▶▶▶▶ Howは様態・方法・程度などを聞く疑問詞ですが、挨拶など日常会話でよく使います。基本パターンをしっかりと練習しておきましょう。

□ **1** 仕事の調子はどうですか。 ▶How ～

□ **2** いかがお過ごしですか。 ▶How ～

□ **3** どのようにしてここへ来たのですか。 ▶How ～

□ **4** 旅行はどうでしたか。 ▶How ～

□ **5** なんと お礼を言えばいいのでしょうか。 ▶How ～

□ **6** どう？［どんなふうに見える？］ ▶How ～

□ **7** 日本食はどうでしたか。 ▶How ～

□ **8** どのようにして解決するつもりですか。 ▶How ～

□ **9** それはどうだった？ ▶How ～

ヒント **8** 解決する：solve

繰り返し学習Check! ▶ □□□□□ (1 2 3 4 5)

Howの基本は、How are you?（調子はどうですか）というように、「どう」「どのように」を尋ねることです。Howを使うことで、相手の調子をはじめとして、様態・方法・程度などを尋ねることができます。また、how to play the piano（ピアノの弾き方）などのようにhow to ～として「～の方法」を表す表現もよく使われます。

Track 16

1 How's the job?

直訳すれば「仕事がどのようなのか」ということ。

2 How have you been?

「どのように過ごしていたのか」という挨拶の表現で、毎日会っている人には使わない。

3 How did you come here?

交通手段を尋ねる表現で、通常By train.（列車で）などのように返事をする。

4 How was your trip?

How was your trip to Africa?（アフリカ旅行はどうでしたか）と、to ～で具体的に聞ける。

5 How can I thank you?

感謝のしようがない、言葉では言い尽くせないといった気持ちもこもっている。

6 How do I look?

新しい服が似合っているか、きちんとして見えるかなどと聞きたい場合に使える。

7 How did you find Japanese food?

the Japanese foodにすると「その日本食をどのようにして見つけたのですか」になることも。

8 How are you going to solve it?

方法を尋ねる質問になる。

9 How did that go?

thatの代わりに、the meetingを使えば、会議はどうだったかと尋ねることになる。

UNIT 17

数量・程度を聞く「How＋副詞・形容詞」疑問文

Howは形容詞や副詞を伴って、数量や程度などを聞く多彩な質問をつくれます。代表的なフレーズを練習してみましょう。

□ 1　1カ月に何冊本を読みますか。　▶ How many ～

□ 2　それって、いくらかかるのですか。　▶ How much ～

□ 3　ここにいらしてから、どれくらいになりますか。　▶ How long ～

□ 4　どれくらいで、それをできますか。　▶ How soon ～

□ 5　どれくらいのスピードで彼らは運転していたのですか。　▶ How fast ～

□ 6　エッフェル塔まではどれくらいですか。　▶ How far ～

□ 7　あなたの車は何年くらいになるのですか。　▶ How old ～

□ 8　その試験はどれくらい難しいのですか。　▶ How difficult ～

□ 9　ライオネルさんをどれくらい知っているのですか。　▶ How well ～

ヒント　2 かかる（請求する）：charge　5 運転する：drive
6 エッフェル塔：the Eiffel Tower

英文法のルール

繰り返し学習Check! ▶ 1□ 2□ 3□ 4□ 5□

「How＋形容詞」の形のHow much is it?（それはいくらですか）は実際に使った方も多いことでしょう。How old are you?は相手の年齢を聞く表現ですが、子供以外に使うと失礼になります。「How＋副詞」では、フレーズ4のHow soon ～?やフレーズ9のHow well ～?などが代表例です。

Track 17

1 **How many books do you read per month?**

How manyの後には、books、employees（従業員）など、数えられる名詞が続く。

2 **How much do they charge for that?**

直訳すれば、「彼らはそれにいくら請求するのか」という意味。

3 **How long have you been here?**

日本に滞在中の人に尋ねたり、逆に海外に滞在しているときに尋ねられたりする。

4 **How soon can you do that?**

How soonは「どれくらいすぐにか」を聞きたい場合に使う表現。

5 **How fast were they driving?**

How fastは「速さ」を、How soonは「時期／いつ」を聞く。

6 **How far is it to the Eiffel Tower?**

距離を尋ねる表現。

7 **How old is your car?**

どれくらい古いのか聞いている。

8 **How difficult is the exam?**

difficultとthe examを他の単語に置き換えて、いろいろな質問ができる。

9 **How well do you know Mr. Lionel?**

「どれくらいよく知っているのか」と尋ねる表現。

Column 2

否定疑問文の応答

会話では否定疑問文をよく使うので、迷わず応答できるようにしておきましょう。

一般疑問文で、Do you like coffee?（コーヒーが好きですか）と聞かれたら、「好き」ならYes, I do.、「嫌い」ならNo, I don't.でしたね。否定疑問文の応答もまったく同じです。Don't you like coffee?と聞かれても、「好き」ならYes, I do.、「嫌い」ならNo, I don't.です。

Won't **you join us for a drink?**
（一緒に飲みに行かないのですか）

➡ **Yes, I will.**（行きますよ）
No, I won't.（行きません）

Don't **you like fish?**（魚は嫌いですか）

➡ **Yes, I do.**（好きですよ）
No, I don't. I prefer meat.
（好きではないです。お肉の方が好きです）

☞ UNIT 11参照

第3章

会話できる時制

「現在形」「未来形」「過去形」「進行形」という時制の基礎と、3つの「現在完了」を練習します。よく使う日常フレーズに乗せて話してみましょう。

Track 18 ▶▶ Track 24

UNIT 18

日常の行動・事実を話す
現在形

▶▶▶▶ 現在形は日常的な行動や真理・事実などを表すのに使います。主語の単複に気をつけて動詞を使い分けましょう。

□ 1	私はふつう朝食を食べません。	▶ skip
□ 2	ダイスケは兄が２人います。	▶ has
□ 3	コーヒーは嫌いですよね？	▶ like
□ 4	ゴルフをなさいますか。	▶ play
□ 5	東京はわくわくする所です。	▶ is
□ 6	高齢化は、日本の重大問題の１つです。	▶ is
□ 7	あなたの励ましの言葉は、私にとってとても大切です。	▶ mean
□ 8	同僚たちは、とても熱心に仕事をします。	▶ work
□ 9	失敗をして、すみません。	▶ apologize

ヒント 5 わくわくする：exciting　6 高齢化：aging population
7 励ましの：encouraging　8 同僚：colleague

繰り返し学習Check! ▶ 1 □ 2 □ 3 □ 4 □ 5 □

現在形は、次のような状況を表現するために使います。①いつも行うこと（行わないこと）：I take the bus to school.（学校にはバスで行きます）/ I don't drink coffee.（コーヒーは飲みません） ②一般的に受け入れられていること、事実など：Tokyo is crowded with people.（東京は人で混雑しています）。

Track 18

1 **I usually skip breakfast.**

❗ skipは「飛ばす」という意味。主語が三人称単数の場合はTom skips breakfast.となる。

2 **Daisuke has two brothers.**

❗ 三人称単数ならhasを使う。一・二人称ならI [You] have two brothers.となる。

3 **You don't like coffee, do you?**

❗ Your sister doesn't like dogs, does she?（あなたの妹さんは犬が嫌いでしたね）

4 **Do you play golf?**

❗ 応答は、Yes, I do. / No, I don't.となる。

5 **Tokyo is an exciting place.**

❗ ある場所や人が持つ、現在の性質や状態も通常、現在形で示す。

6 **The aging population is one of the big problems in Japan.**

7 **Your encouraging words mean a lot to me.**

❗ mean a lotで「たくさん意味する＝重要である」という意味になる。

8 **Our colleagues work very hard.**

❗ 同僚が１人なら、My colleague works very hard.となる。

9 **I apologize for making a mistake.**

❗ 通常、I'm apologizingのような進行形では使わない。

第3章 会話できる時制

UNIT 19

「これから」を話す
未来形

▶▶▶▶ 未来は、主にwillという助動詞を使うか、またはbe going to を用いて表現します。両者のニュアンスの違いも知っておきましょう。

□ **1** ティムは来年卒業です。 ▶ will

□ **2** 来週月曜日にお訪ねすることにします。 ▶ will

□ **3** 明日のこの時間はロンドンにいるでしょう。 ▶ will

□ **4** そのときは、ブライアンとテニスをしているでしょう。 ▶ will

□ **5** 7時に迎えに行くからね。 ▶ am going to

□ **6** これが終わったら、手伝いますから。 ▶ will

□ **7** このようなことは二度とないようにします。 ▶ won't

□ **8** ランチに一緒に来ますか。 ▶ Are ～ joining

□ **9** 天気予報によると、雨になるそうです。 ▶ is going to

ヒント **5** 迎えに行く：pick ～ up　**8** ～と一緒に来る：join
9 天気予報：weather forecast　～によると：according to ～

英文法のルール

繰り返し学習Check! ▶ 1 □ 2 □ 3 □ 4 □ 5 □

willは、例えば人と話をしているときに思いついてI'll do my homework tomorrow.（明日こそ、宿題をしよう）という場合に使います。be going toは、I'm going to attend the seminar this Saturday.（この土曜日はセミナーに出ます）のようにすでに決まっている予定に使います。

Track 19

1 **Tim will graduate next year.**

未来を表現する基本形。

2 **I'll come and see you next Monday.**

会話中に決まった場合。すでに決まっている予定であればI'm going toがよく使われる。

3 **I'll be in London this time tomorrow.**

助動詞willにbe動詞を続けて、「～にいるだろう」と表現できる。

4 **I'll be playing tennis with Bryan then.**

willに「be＋動詞ing形」を続けて未来を表現できる。確実な近未来の場合。

5 **I'm going to pick you up at seven, OK?**

すでに予定されていることなので、be going toを使っている。

6 **I'll help you when I finish this.**

このwillには「喜んで～するよ」という気持ちがこもっている。

7 **I won't let it happen again.**

won't < will not

8 **Are you joining us for lunch?**

現在進行形で近未来を表せる。

9 **According to the weather forecast, it's going to rain.**

「～が起こる」「（きっと）～になる」などにもbe going toを使える。

UNIT 20

過去を話す
過去形

▶▶▶▶ 過去のことを表現するには、be 動詞は was, wereを用います。一般動詞は、例えばplay → playedのように語尾にedを付けるのが基本です。

□ 1 私はマーサとランチを食べた。 ▶ had

□ 2 大学生だったときにデイビッドと会いました。 ▶ met, was

□ 3 子供時代は、バスで学校に通いました。 ▶ took, was

□ 4 誰がこのメモを書いたのですか。 ▶ wrote

□ 5 そんなことをして、私たちは本当に馬鹿でした。 ▶ were

□ 6 私たちは先週は教会へ行きませんでした。 ▶ didn't

□ 7 オフィスには数名社員が残っていました。 ▶ were

□ 8 韓国では楽しかったですか。 ▶ Did ～

□ 9 それを自分で見たの？ ▶ Did ～

ヒント 5 馬鹿な：stupid　7 社員：employee

繰り返し学習Check! ▶ 1 □ 2 □ 3 □ 4 □ 5 □

英文法のルール

過去形にするときは、不規則に変化する動詞もたくさんあるので、注意しましょう。例えばtake → took、go → wentなどです。動詞の変化は1つずつきちんと覚えていくことが大切です。また、putやcutのように過去形でも形が変わらない動詞もあります。

Track 20

1 **I had lunch with Martha.**
had＜have

2 **I met David when I was a college student.**
met＜meet　was＜am

3 **I took the bus to school when I was a child.**
took＜take　was＜am

4 **Who wrote this memo?**
wrote＜write

5 **We were very stupid to do such a thing.**
were＜are

6 **We didn't go to church last week.**
did＜do

7 **There were some employees left in the office.**
were＜are

8 **Did you have a good time in South Korea?**
疑問文はdidを先頭に出す。Yes, I had a great time.などと答えてもOK。

9 **Did you see it for yourself?**
for yourself（自分自身で）

UNIT 21

進行中の動作を話す
進行形

▶▶▶▶ 進行形は「be＋動詞ing」の形でつくります。3つの用法を会話で練習して、使いこなせるようにしましょう。

□ **1** 今行きます。 ▶ am coming

□ **2** 今接客中なんです。 ▶ am meeting

□ **3** どうしたの？ ▶ is going

□ **4** 人が見ていますよ。落ち着いて。 ▶ are making

□ **5** ケントと一緒に教科書を書いているんです。 ▶ am writing

□ **6** 住宅の価格が急激に下落している。 ▶ are decreasing

□ **7** 明日は何をするの？ ▶ are ～ doing

□ **8** 今夜パーティーには行きません。 ▶ am not going

□ **9** 彼はいい人っぽく振る舞っているだけです。 ▶ is ～ being

ヒント 2 顧客：client　4 落ち着く：calm down
6 住宅価格：housing prices　急激に：rapidly

繰り返し学習Check! ▶ 1 □ 2 □ 3 □ 4 □ 5 □

英文法のルール

3つの用法を覚えましょう。①今行っていることを述べる → I'm talking on the phone.（電話中です）、②最近していることを述べる → I'm reading Murakami's novel.（村上の小説を読んでいます）、③確実で近い将来に行う予定を述べる → I'm visiting Norman at a hospital.（ノーマンのお見舞いに行く予定です）

Track 21

1 **I'm coming.**
日本語では「今行きます」ですが、英語ではgoではなくcomeを使うので注意。

2 **I'm meeting some clients.**
お客様と会議をしている最中だという意味。

3 **What's going on?**
直訳すれば「何が起こっているのか」。状況がわからない場合などに使える。

4 **You are making a scene. Calm down.**
make a sceneで「声を荒げて騒ぎ立てる」。人の注目を集めているということ。

5 **I'm writing a textbook with Kent.**
最近行っていることも進行形で表現できる。

6 **Housing prices are decreasing rapidly.**
最近の出来事を述べるのに進行形を使っている。

7 **What are you doing tomorrow?**
予定も進行形で表現できる。

8 **I'm not going to a party tonight.**
否定文は、be動詞の後にnotを付ける。

9 **He's just being nice.**
He is nice.（彼はいい人です）と異なり、いい人のふりをしているだけという意味になる。

UNIT 22

「完了」を表す現在完了

現在完了は「have＋動詞の過去分詞」で作ります。「完了」「継続」「経験」の用法があります。まず「完了」から練習しましょう。

□1	コーヒーを飲んだところです。	have ～ had
□2	その本はもう読み終わりました。	have ～ read
□3	まだ、それに手もつけていません。	haven't started
□4	もう決めましたか。	Have ～ decided
□5	「終わりましたか」 「はい／いえ、まだです」	Have ～ finished
□6	マークはその会社で働き始めたのでしょうか。	Has ～ started
□7	まだ食べ終わっていません。	haven't finished
□8	「ジューンはいますか」 「ちょうど出かけてしまいました」	has ～ gone
□9	通りでローズにすれ違ったところです。	have ～ passed

繰り返し学習Check! ▶ 1 □ 2 □ 3 □ 4 □ 5 □

「完了」は「(ちょうど／すでに) ～した」という意味です。現在完了を使うと、少し前に起こった出来事が現在につながり、生き生きとした表現になります。I broke the cup.（カップを壊した）だと淡々としていますが、I've broken the cup.とすると「カップを壊してしまった、大変なことをしちゃった」という感じが出せます。

Track 22

1 **I've just had my coffee.**

justで、「ちょうど」「たった今」という意味を出せる。

2 **I've already read that book.**

alreadyは「すでに、もう」という意味合い。

3 **I haven't started working on it yet.**

しなくてはいけない仕事などを、まだ何も始めていないという意味。not ～ yetで「まだ～ない」。

4 **Have you decided yet?**

疑問文ではyetは「もう」という意味合いになる。

5 **Have you finished? ▶ Yes, I have. / No, I haven't.**

仕事や食事などが終了したかと質問する場合に使える。答え方も覚えよう。

6 **Has Mark started working for the company?**

答え方は、Yes, he has. / No, he hasn't.が基本。Noの場合は、No, not yet.なども使える。

7 **I haven't finished eating yet.**

レストランで、皿を下げてほしくないときに使う。

8 **Is June in? ▶ She's just gone out.**

電話で使える表現。

9 **I've just passed Rose on the street.**

I passed Rose ...とは違い、「たった今すれ違ったよ」という感じが出ている。

UNIT 23 「継続」を表す現在完了

「have＋過去分詞」または「have＋been＋doing」の形で、「(〜から／ずっと) 〜している」という継続の意味を表現することができます。

□ 1	上司は月曜から出張中です。	has been
□ 2	私たちはマイケルを1時間以上待っている。	have been waiting
□ 3	私は午後からずっと、一生懸命仕事をしている。	have been working
□ 4	私たちは20年以上ここに住んでいます。	have lived
□ 5	何をしていたの？	have 〜 been doing
□ 6	長らくお待たせしましたでしょうか。	Have 〜 been waiting
□ 7	どうしたの？　泣いていたの？	Have 〜 been crying
□ 8	どれくらいの間、日本語を学んでいるのですか。	have 〜 been learning
□ 9	あの会社を辞めてから、どうしていますか。	have 〜 been doing

英文法のルール

繰り返し学習Check! ▶ 1 □ 2 □ 3 □ 4 □ 5 □

「継続」の用法は、It's been raining since this morning.（今朝からずっと雨が降っている）のように、ある過去の時点から現在にまで続いている様子を表現できます。since this morning（今朝から）のようにsinceという起点を表す語や、for three hours（3時間）のforのように時間・期間を表す語がよく一緒に使われます。

Track 23

1 My boss has been out of town since this Monday.

has been out of townで、「(月曜からずっと) 町から出ている＝出張中である」。

2 We have been waiting for Michael for more than an hour.

for（～の間）で時間・期間を表す。

3 I've been working hard since this afternoon.

sinceはいつ始まったかという「起点」を表現する。

4 We've lived here for more than 20 years.

have livedは継続とも完了ともとれるので、明確にするためにhave been living の形が使われることが多い。

5 What have you been doing?

例えば、子供が泥んこになって帰宅した場合にこう言うと、驚きを表現できる。

6 Have you been waiting for me long?

直訳すれば、「長い間待っているのか」。

7 What's wrong? Have you been crying?

目が潤んでいる相手に。

8 How long have you been learning Japanese?

継続はhow longとセットでよく使われる。

9 How have you been doing since you left the company?

How have you been doing?のみでもよく使われる。

UNIT 24

「経験」を表す現在完了

「have＋過去分詞」で、「〜したことがある／したことがない」という経験を表現することができます。

□ 1	タイに行ったことがあります。	have been
□ 2	キットはタバコを吸ったことがないと思います。	has 〜 smoked
□ 3	クアラルンプールに行ったことがありますか。	Have 〜 been
□ 4	「富士山に登ったことがありますか」「はい／いいえ」	Have 〜 climbed
□ 5	グリーンランドには行ったことがありません。	have never been
□ 6	有名人に会ったことがありますか。	Have 〜 met
□ 7	私の時計をどこかで見なかったですよね。	haven't seen
□ 8	まだ紹介し合っていませんでしたよね。私はジョナです。	haven't been introduced
□ 9	誰もその地域に入ることを許されていない。	has been allowed

ヒント 8 紹介する：introduce　9 地域：area

英文法のルール

繰り返し学習Check! ▶ □□□□□ (1 2 3 4 5)

「経験」を表現する場合は、よくeverあるいはneverが一緒に使われます。例えば、"Have you ever ridden a horse?" "Never."（「乗馬をしたことがありますか」「いいえ」）や、I've never seen that movie.（その映画は見たことがない）などのように、everは「今まで」、neverは「決して〜ない」という意味になります。

Track 24

1 **I've been to Thailand.**

I went to Thailand.は、「タイへ行きました」と過去のことを単に述べるだけ。

2 **I don't think Kit's ever smoked.**

Kit's never smoked.（キットはタバコを吸ったことがない）。

3 **Have you ever been to Kuala Lumpur?**

everが「かつて」「今まで」という意味合いを出す。

4 **Have you ever climbed Mt. Fuji?**
▶ Yes, I have. / No, I haven't. / Never.

経験がない場合、Never.だけで立派な答えになる。

5 **I've never been to Greenland.**

neverは「決して〜ない」という意味合いを出す。

6 **Have you ever met someone famous?**

7 **You haven't seen my watch anywhere, have you?**

否定形はhave not (haven't) でつくる。

8 **We haven't been introduced yet. My name is Jonah.**

直訳すれば、「私たちはまだ紹介されていない」ということ。

9 **No one has been allowed into that area.**

no oneは「誰も〜ない」という意味。

第3章 会話できる時制

Column 3

未来完了の使い方

未来完了は、「今月末で、この会社で10年働いたことになります」のように、未来のある時点で何かが完了（終了）している、そのような状態を表現する場合に使われます。

基本の形は、「主語＋will＋have＋過去分詞」、つまりwillという未来を表現する助動詞の後に現在完了形を続けます。上記の例ですと、I will have been working for this company for 10 years by the end of this month.と表現できます。「～までに」という意味を表すbyやsoon（すぐに）など、未来を示す表現が一緒に使われます。

過去完了の形は「主語＋had＋過去分詞」で過去のある時点で完了したことを表現しますが、会話では使う頻度はかなり少ないでしょう。

第4章

会話できる助動詞

助動詞は会話のニュアンスや丁寧さの度合いを決定する大切な言葉です。さまざまな助動詞を組み込んだ会話フレーズで使い方を練習しましょう。

Track 25 ▸▸ Track 30

UNIT 25

「可能」「依頼」を表す can/could

▶▶▶▶ canは「〜できる」という意味でよく使いますが、他の用法もあります。couldやbe able toも一緒に練習しましょう。

□ 1 マサコは、英語とフランス語を話せます。 ▶ can

□ 2 8時からテレビを見てもいいですよ。 ▶ can

□ 3 何か飲み物をいただけますか。 ▶ Can 〜

□ 4 そんなばかな。 ▶ can't

□ 5 新幹線から富士山は見えなかった。 ▶ couldn't

□ 6 ピートは、とても上手にピアノを弾くことができた。 ▶ was able to

□ 7 両親と住んでいたときは、外泊できなかった。 ▶ couldn't

□ 8 この箱を運ぶのを手伝ってもらえませんか。 ▶ Can 〜

□ 9 次にすべきことを教えていただけますか。 ▶ Could 〜

ヒント 6 上手に：skillfully　7 外泊する：stay out overnight

繰り返し学習Check! ▶ 1 □ 2 □ 3 □ 4 □ 5 □

canやその過去形couldには「〜できる／〜できた」という意味以外に、「〜してもよい」という意味合いや、Could you 〜？で「〜していただけませんか」といった意味もあります。canは動詞ではないので、（×）I can it.とは言えず、必ずI can do it.のように動詞と一緒に使います。

Track 25

1 **Masako can speak English and French.**
can't speak（話せない）

2 **You can watch TV starting at eight.**
このcanは「〜してもいいよ」という許可の意味。

3 **Can I have something to drink?**
「〜をいただけますか」という依頼で使われている。

4 **That can't be true.**
canには「〜もあり得る」「〜はあり得ない」という可能性の意味がある。

5 **I couldn't see Mt. Fuji from the Shinkansen.**
couldは、canの過去形として「〜できた」という意味で使える。

6 **Pete was able to play the piano very skillfully.**
was able toで、能力的に「できた」ことを表現する。

7 **I couldn't stay out overnight when I lived with my parents.**
許可を得て、「〜できた」「〜できなかった」という意味を表現する。

8 **Can you help me with this box?**
依頼の表現。

9 **Could you tell me what to do next?**
Could you 〜？は、Can you 〜？より丁寧になる。

「推測」「許可」を表す may/might

▶▶▶▶ mayは推測・許可表現として会話でよく使います。mightと一緒に用法のバリエーションを練習しましょう。

□ 1 ジェーンは図書館にいるかもしれない。 ▶may / might

□ 2 テリーが私の車を使うかもしれない。 ▶might

□ 3 休暇中は家にいるかも。 ▶might

□ 4 お伺いしましょうか。 ▶May ～

□ 5 ここに座ってもいいですか。 ▶May ～

□ 6 私が間違っているかもしれませんが、彼が正直者だとは思えません。 ▶may

□ 7 ホテルを予約するのは難しいかもしれません。 ▶might

□ 8 洋服とアクセサリーについて見直した方がいいかもしれませんよ。 ▶might

□ 9 資金が得られないなら、このプランを断念する方がいいかもしれない。 ▶might

ヒント 7 予約：reservation　8 見直す：reconsider　9 資金：funding

英文法のルール

繰り返し学習Check! ▶ 1 □ 2 □ 3 □ 4 □ 5 □

mayとmightは「～かもしれない」という意味を表現します。またMay I ～?は礼儀正しく許可を求める表現になり、通常Yes, of course.やSure. といった返事をします。文法的には正しいYes, you may.という返事は「～してもよい」という許可を与えるため、偉そうな印象になるので、使用を控えましょう。

Track 26

1 **Jane may [might] be at the library.**

「～かもしれない」という推測・可能性を表す。次の2つも同じ。

2 **Terry might be using my car.**

3 **I might stay at home during the holiday.**

4 **May I help you?**

店員さんの決まり文句。

5 **May I sit here?**

Can I ～?より礼儀正しく許可を求める言い方になる。

6 **I may be wrong, but I don't think he's honest.**

might be ～としても同じ。

7 **There might be trouble getting hotel reservations.**

may be ～としても同じ。

8 **You might want to reconsider your clothes and accessories.**

might want to ～は、相手を怒らせることのない丁寧な命令文。

9 **We might as well give up the plan if we can't get any funding.**

might as well ～は「～した方がよい」「～するのも同然だ」といった意味合い。

「未来」「意志」を表す will/would

willは「未来」を表しますが、主語が人の場合には「意志」が入ります。wouldと一緒に、よく使う会話フレーズで練習しましょう。

- □ 1 卒業後、何をするつもりですか。 ▶ will
- □ 2 事故は起こるものだ。 ▶ will
- □ 3 今夜は仕事を終えてしまいなさい。 ▶ will
- □ 4 お願いがあるのですが。 ▶ Will ～
- □ 5 彼に電話をかけ直すよう伝えてくださいますか。 ▶ Would ～
- □ 6 何か飲み物はいかがですか。 ▶ Would ～
- □ 7 このような家を持てたら、すてきでしょう。 ▶ would
- □ 8 祖父は船で世界中を旅したものでした。 ▶ would
- □ 9 その窓はどうしても開かないのです。 ▶ would

ヒント 4 お願いがある：do me a favor　8 祖父：grandpa

英文法のルール

繰り返し学習Check! ▶ 1 □ 2 □ 3 □ 4 □ 5 □

willは、I'll go and see him tomorrow.と言うと「明日彼に会う予定です」という未来のことを表現しますが、短縮形にせずI will go and see him tomorrow.と言うと「明日（こそ）は、出かけて彼に会うんだ！」という話し手の意志が強く出ます。過去形のwouldは控えめな意志表現で、疑問文では丁寧な依頼になります。

Track 27

1 What will you do after graduation?

相手の意志を尋ねている。

2 Accidents will happen.

Accidents do happen.とも言う。「人生に事故はつきものだ」という意味合い。

3 You will finish your work tonight.

命令文の意味合いになる。

4 Will you do me a favor?

直訳すれば「私に願い事をしてくれるか（聞いてくれるか）」ということで、定番表現。

5 Would you tell him to call me back?

Would you ～？は、Will you ～？よりさらに丁寧な依頼文となる。

6 Would you like something to drink?

Would you like ～は「～しましょうか」という申し出を表す。

7 It would be nice to have such a house.

「～だろう」という推測を表現する。must ＞ will ＞ wouldの順番で可能性（確実さ）が低くなる。

8 My grandpa would travel around the world by ship.

このwouldは「過去によく行っていたこと」を表現する。

9 That window would not open.

would notで「どうしても～ない」という意味合い。won'tでもよい。

UNIT 28

「義務」「必要」を表す must/have to

▶▶▶▶ mustとhave toはどちらも「〜しなければならない」という意味ですが、ニュアンスに違いがあります。

□ 1 私たちは水とエネルギーを節約しなくてはならない。 ▶ must

□ 2 私たちは法と秩序を守らなくてはならない。 ▶ must

□ 3 パーティーに絶対来てくださいね。 ▶ must

□ 4 そんな馬鹿げたことをしてはいけません。 ▶ mustn't

□ 5 サンドラは毎日9時から4時までそこにいなくてはいけないのです。 ▶ has to

□ 6 仕事でよく旅行しなければならないのです。 ▶ have to

□ 7 壊れたコンピュータの代わりに、新しいものを買わなくてはならなかった。 ▶ had to

□ 8 今週土曜日は働かなくてはならない。 ▶ have got to

□ 9 気が進まないなら、来る必要はないですよ。 ▶ have to

ヒント 1 節約する：save　2 守る：respect　7 代わり（のもの）：replacement
9 〜に気が進まない：not feel up to 〜

繰り返し学習Check! ▶ 1 □ 2 □ 3 □ 4 □ 5 □

英文法のルール

mustは話し手が「〜しなければ」と思っている場合に使われることが多く、規則などで決まっているものでも「だから守らなくては」という気持ちが入るニュアンスです。一方、have toは、規則や状況（仕事・約束）など外的な要因で「〜しなければならない」という場合に使われ、自分の意志は関係ありません。

Track 28

1 **We must save water and energy.**

水とエネルギーを節約するという私たちの強い意志を示している。

2 **We must respect law and order.**

話し手の気持ちがこもっている。

3 **You must come to the party.**

「来なくてはいけないよ」と強く誘っている。

4 **You mustn't do such a stupid thing.**

mustn't (= must not) は強い禁止を表す。

5 **Sandra has to be there from nine to four every day.**

仕事か何かで、拘束されている様子がわかる。

6 **I have to travel a lot for my job.**

自分の意志に関係なく、仕事で旅行する様子がわかる。

7 **As a replacement for the broken computer, I had to buy a new one.** 過去形はhad toとする。

8 **I've got to work this Saturday.**

会話では、have got to を使う人も多い。

9 **You don't have to come, if you don't feel up to it.**

do not have toは、「〜しなくていいよ」という表現になる。must notの強い禁止と区別しよう。

「申し出」「アドバイス」に使う shall/should

▶▶▶▶ shallを会話で使う場合には用法は決まっています。shouldは相手にアドバイスをするときに使い、強い強制の意味はありません。

□ 1 彼に電話をかけ直させましょうか。 ▶ Shall ～

□ 2 何か買ってきましょうか。 ▶ Shall ～

□ 3 始めましょうか。 ▶ Shall ～

□ 4 少なくとも7時間は寝るべきですよ。 ▶ should

□ 5 政府はこの状況を改善すべきだ。 ▶ should

□ 6 ティムとは付き合わない方がいいですよ。不誠実だと思います。 ▶ shouldn't

□ 7 彼らはもう来るはずです。 ▶ should

□ 8 会議は9時開始のはずです。10時ではなくて。 ▶ should

□ 9 その薬品を使う場合は、手袋をはめてください。 ▶ should

ヒント 5 政府：government　状況：situation　改善する：improve
7 もうすぐ：in a minute　9 薬品：chemicals

繰り返し学習Check! ▶ 1 2 3 4 5 □□□□□

英文法のルール

会話で使われるshallは、Shall I ～？やShall we ～？で、「～しましょうか」という意味を表現する場合がほとんどです。「～すべきである」の意味では、法律文書などに使われます。shouldは会話で、「～すべきですよ」という意味で、アドバイスとしてよく用いられます。

Track 29

1 **Shall I have him call you back?**

Shall I ～？は、相手に「私にこうしてほしいか」と尋ねる表現。

2 **Shall I get you something?**

パーティーなどであれば、「何か飲み物などを取ってきましょうか」という意味。

3 **Shall we get started?**

Shall we ～？は、Let's ～とほぼ同意だが、相手の気持ちを尊重している。

4 **You should sleep for at least seven hours.**

話し手は、いいことだから「～すべきですよ」とアドバイスしている。

5 **The government should improve this situation.**

「～すべき」という気持ちを表現している。

6 **You shouldn't be seeing Tim. I don't think he's honest.**

「～すべきではない」とアドバイスをしている。

7 **They should be here in a minute.**

shouldで「～のはずだ」という気持ちを表現できる。

8 **The meeting should start at nine, not ten.**

「～のはずだ」という気持ちを表現している。

9 **You should wear gloves when using the chemicals.**

決まり事などで、「～してください」という場合にも使える。

UNIT 30

「忠告」「過去の振り返り」に使う ought to/used to

ought toとused toは会話では特定の場面で使う表現ですが、覚えておくと便利なので会話例文で練習しておきましょう。

□ **1** すぐに話をやめるべきですね。 ▶ ought to

□ **2** 彼が私たちに家を空けるように言ったのです。 ▶ ought to

□ **3** それについて、あなたは何かすべきです。 ▶ ought to

□ **4** 話し合うことなく、どのような変更もしてはいけない。 ▶ ought not to

□ **5** 禁煙した方がいいですよ。 ▶ ought to

□ **6** 我々はもっと多くのことをすべきでした。 ▶ ought to

□ **7** 彼らは、彼の顔を見たはずだ。 ▶ ought to

□ **8** 以前はよくピアノを弾いたものです。 ▶ used to

□ **9** 彼はとても照れ屋さんだったのに。 ▶ used to

ヒント **2** 空ける：evacuate　**9** 照れ屋の：shy

繰り返し学習Check! ▶ 1 □ 2 □ 3 □ 4 □ 5 □

英文法のルール

ought toは「～すべきだ」「～のはずだ」などの意味を表現し、shouldよりフォーマルな印象を与えます。特に過去に関する文や、否定疑問文などでは、フォーマル度が高くなるようです。used toは「(以前は) ～したものだ」と過去のことを振り返る表現です。

Track 30

1 **I really ought to stop in a minute.**

❶スピーチの終盤によく使われ、長くなった話をそろそろやめなくてはという気持ちを表現する。

2 **He told us we ought to evacuate the house.**

❶ought toは時制が現在でも過去でも使える。

3 **You ought to do something about it.**

❶「～すべきだ」という気持ちを表現する。

4 **Any change ought not to be made without discussion.**

❶「～すべきではない」という気持ちを表現する。

5 **You ought to stop smoking.**

❶「～した方がいい」というアドバイス。

6 **We ought to have done more.**

❶完了形を続けて、後悔の念を表す。

7 **They ought to have seen his face.**

❶「～のはずだ」という推量、可能性を表現している。

8 **I used to play the piano.**

❶今はもうピアノを弾かないことを示唆する。

9 **He used to be such a shy boy.**

❶「以前は～だった」という過去の状態を表す。否定形は、He didn't use [used] to be ～となる。

Column 4

依頼・許可・勧誘

依頼・許可・勧誘などの定番表現で、助動詞が使われているものを中心に紹介します。口慣らしをしておきましょう。

①依頼「〜してくれますか／〜していただけますか」

Can / Could you 〜?　Will / Would you 〜?
Do you think you can / could 〜?
I wonder if you could 〜.

Could you tell me how to get to the station?［丁寧］
（駅までの行き方を教えていただけますか）
I'm just wondering if you could give me this box.［とても丁寧］
（この箱をいただけないでしょうか）

②許可「〜してもいいですか」

May I 〜?　Can I 〜?　Do you mind if I 〜?

May I come in?（入ってもいいですか）
Do you mind if I smoke?（タバコを吸ってもいいですか）

▶ I'd rather you didn't.（やめていただけるとありがたいです）
＊ Yes, I do.（いえ、困ります）より丁寧な断り方になります。

③勧誘「〜しませんか」

Shall we 〜?　Won't you 〜?

Shall we go shopping?（ショッピングに行きませんか）

第5章

会話できる準動詞

「不定詞」「動名詞」「分詞」は動詞の形を変えて、さまざまな用途に使うものです。用法を意識しながら話してみましょう。

Track 31 ▸▸ Track 38

UNIT 31

「～すること」を表す
不定詞の名詞的用法

▶▶▶▶▶ 不定詞は会話でとてもよく使います。用法が3つあるので、それぞれの用法を理解しながら、会話フレーズに乗せて練習しましょう。まずは名詞的用法です。

□ **1** サムはギターを弾くことが好きだ。 ▶ to play

□ **2** 毎日、果物と野菜を食べることは健康に良い。 ▶ To eat ～

□ **3** 新しいテレビにそんなには払えないです。 ▶ to pay

□ **4** 禁煙は多くの人にとって難しいものだ。 ▶ To stop ～

□ **5** 彼は、私と会わなかったふりをした。 ▶ not to see

□ **6** 将来、何をしたいですか。 ▶ to do

□ **7** 彼の大きな夢はロックバンドでギターを演奏することだ。 ▶ to play

□ **8** ジェーンとご主人は、今年の夏ハワイへ行くつもりです。 ▶ to go

□ **9** ポールは、私が新しいアパートに引っ越すのを手伝ってくれることになった。 ▶ to help

ヒント **2** 野菜：vegetables　**5** ～するふりをする：pretend to ～
8 ～するつもりだ：intend to ～　**9** ～へ引っ越す：move to ～

繰り返し学習Check! ▶ 1 □ 2 □ 3 □ 4 □ 5 □

to不定詞とは「to＋動詞の原形」になっている部分を指します。不定詞が名詞的な役割を果たすものを名詞的用法と言います。「〜すること」と訳すことができ、主語や目的語となります。例えばTo smoke is bad for your health.（喫煙は健康に悪い）ではTo smokeが「タバコを吸うこと」で、主語になっています。

Track 31

1 **Sam loves to play the guitar.**

❶ to playは、lovesの目的語。

2 **To eat fruit and vegetables every day is good for your health.**

❶ To eat ...が主語になっている。

3 **We can't afford to pay so much for a new television.**

❶ to payがaffordの目的語になっている。afford to 〜（〜する余裕がある）

4 **To stop smoking is difficult for many people.**

❶ To stopが主語。

5 **He pretended not to see me.**

❶ 不定詞を否定する場合は、toの前にnotを入れる。

6 **What do you hope to do in the future?**

❶ hope to 〜（〜することを望む）

7 **His big dream is to play guitar in a rock band.**

❶ to play ...の部分は、His big dreamの補語になっている。

8 **Jane and her husband intend to go to Hawaii this summer.**

❶ to go ...がintendの目的語になっている。intend to 〜（〜するつもりである）

9 **Paul agreed to help me move to my new apartment.**

❶ to help ...がagreedの目的語になっている。

UNIT 32

「～するための」を表す
不定詞の形容詞的用法

形容詞的用法は３用法の中では、使うのに少し慣れが必要です。会話フレーズに組み込んで練習してみましょう。

□ **1** 英語を学ぶ最善の方法を教えて。 ▶ to learn

□ **2** ここが授業登録を行う場所です。 ▶ to register

□ **3** あなたに文句があります。 ▶ to pick

□ **4** 彼らはテストのために、たくさんの語彙を覚えなくてはならない。 ▶ to memorize

□ **5** 使えるお金はあまりありません。 ▶ to spend

□ **6** サングラスをかける一番の理由は、目を守ることです。 ▶ to wear

□ **7** カナコは今週エッセイをたくさん書く。 ▶ to write

□ **8** 彼がチームをやめることにしたのは、やや軽卒だった。 ▶ to quit

□ **9** 電車の定期券が買える機械はどこですか。 ▶ to buy

ヒント **6** 守る：protect　**8** 軽率(なこと)：rash　**9** 定期券：train pass

繰り返し学習Check! ▶ 1□ 2□ 3□ 4□ 5□

形容詞的用法は、to不定詞の部分が名詞を修飾するものです。例えば、I want something to drink.（何か飲むものがほしい）では、to drinkがsomethingを後ろから修飾しています。「～するための」と訳すことができ、必ず名詞にかかるところがポイントです。

Track 32

1 **Tell me the best way to learn English.**

the best way to learn（学ぶための → 最良の方法）

2 **This is the place to register for classes.**

the place to register（登録するための → 場所）

3 **I have a bone to pick with you.**

have a bone to pick with ～（～に文句がある）というイディオム。a bone to pick（拾うための → 骨）。

4 **They have a lot of vocabulary to memorize for their test.**

a lot of vocabulary to memorize（覚えるための → たくさんの語彙）

5 **I don't have much money to spend.**

money to spend（使うための → お金）

6 **The best reason to wear sunglasses is to protect your eyes.**

reason to wear（かけるための → 理由）。to protectは名詞的用法。

7 **Kanako has many essays to write this week.**

essays to write（書くための → エッセー）

8 **His decision to quit the team was a bit rash.**

decision to quit（辞めるための → 決意）

9 **Where is the machine to buy a train pass?**

the machine to buy（買うための → 機械）

UNIT 33

「〜するために」を表す
不定詞の副詞的用法

▶▶▶▶ 副詞的用法は使いやすく、実際に会話でも多用されます。「目的」「理由」を表すのに便利な表現です。

□ 1	コーチは自分のチームに、勝つためにプレイをするようにと言った。	▶ to win
□ 2	集まっていただいたのは、いくつかの問題を話し合うためです。	▶ to discuss
□ 3	キャロルは、仕事に行く途中でタバコを吸うために立ち止まった。	▶ to smoke
□ 4	電話で兄と話すために、カズヤは何度も電話をかけた。	▶ To reach 〜
□ 5	そんなふうにスリムなままでいるのに、何をしているのですか。	▶ to stay
□ 6	彼女は恋人が別の女の子に話しかけているのを見て、やきもちをやいた。	▶ to see
□ 7	私はその知らせを聞いて驚いた。	▶ to hear
□ 8	そんなことを言うなんて、母は怒っているに違いない。	▶ to say
□ 9	コンサートが中止になったと知って、がっかりしませんでしたか。	▶ to hear

ヒント 6 やきもちをやいて：jealous　9 がっかりして：disappointed

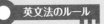

繰り返し学習Check! ▶ 1 □ 2 □ 3 □ 4 □ 5 □

副詞的用法は、例えばI'm glad to see you.（会えて嬉しい）では、I'm glad（私は嬉しい）の「理由」をto see you（あなたに会えて）で説明し、gladを修飾します。I went to the airport to meet Mr. Kimura.（木村さんに会うために空港に行った）のto meetは「目的」を表し、wentを修飾します。

Track 33

1 **The coach told his team to play to win.**
play to win（勝つために → プレイをする）。to playは名詞的用法。

2 **I called this meeting to discuss some problems.**
called (this meeting) to discuss（話し合うために → 呼んだ）

3 **Carol stopped to smoke on her way to work.**
stopped to smoke（タバコを吸うために → 立ち止まった）

4 **To reach his brother on the phone, Kazuya called many times.**
To reachはcalledを修飾。文頭にto不定詞の副詞的用法を置いた場合、コンマで区切る。

5 **What do you do to stay so slim?**
do ... to stay (so) slim（スリムでいるために → …をする）

6 **She was jealous to see her boyfriend talking to another girl.**
jealous to see（見たので → やきもちをやいた）

7 **I was surprised to hear the news.**
surprised to hear（聞いたので → 驚いた）

8 **Mother must be angry to say such a thing.**
angry to say（言うなんて → だから怒っている）

9 **Weren't you disappointed to hear the concert was cancelled?**
disappointed to hear（聞いたので → 失望した）

UNIT 34

決まった表現で使う
原形不定詞

▶▶▶▶ toがなく、動詞の原形だけの不定詞を「原形不定詞」と呼びます。原形不定詞は決まった動詞・表現と一緒に使います。

□ 1	私たちは、ロボットがおかしなダンスをするのを見た。	▶ saw ～ perform
□ 2	夕食に出かけるよりは、家にいたいです。	▶ would rather stay ～ than go out
□ 3	彼女に06-125-0884まで電話してもらうようにお願いできますか。	▶ have ～ call
□ 4	カードではなく、現金で支払う方がいいだろう。	▶ had better pay
□ 5	無理に彼を行かせない方がいいですよ。	▶ make ～ go
□ 6	彼女の親は、翌日に学校がある夜は決して彼女をパーティーに行かせなかった。	▶ let ～ go
□ 7	宿題を済ませるのを手伝ってくれますか。	▶ help finish
□ 8	ケンは本を読んでばかりいる。	▶ does nothing but read
□ 9	弟に、あなたのバッグを空港まで運んでもらうようにします。	▶ have ～ take

ヒント 1 おかしな：funny　6 翌日学校がある夜：on a school night
7 宿題：assignment

繰り返し学習Check! ▶ 1 □ 2 □ 3 □ 4 □ 5 □

原形不定詞はtoがなく、動詞の原形だけで表します。例えばI saw him cross the street.（彼が道路を渡るのを見た）のcrossや、Please let me know.（知らせてください）のknowなどのように、知覚動詞（see, hearなど）や使役動詞（let, makeなど）の後がその代表的な例です。ふつう主語や目的語にはなりません。

Track 34

1 **We saw the robots perform a funny dance.**

「知覚動詞see＋人・モノ＋原形不定詞」のパターン。

2 **I would rather stay home than go out for dinner.**

「would rather＋原形不定詞 A than B」（BするよりはAしたい）

3 **Could you have her call me at 06-125-0884?**

「have＋人＋原形不定詞」（人に～してもらう）

4 **We had better pay with cash rather than a credit card.**

「had better＋原形不定詞」（～した方がいい）

5 **You shouldn't make him go.**

「make＋人＋原形不定詞」（人に～させる）

6 **Her parents never let her go to parties on a school night.**

「let＋人＋原形不定詞」（人に～［その人がしたいこと］をさせる）

7 **Can you help finish the assignment?**

「help＋原形不定詞」（～するのを手伝う）。help me (to) finishだが、口語ではtoは省略される。

8 **Ken does nothing but read books.**

「do nothing but＋原形不定詞」（～してばかりいる）

9 **I'll have my brother take your bags to the airport.**

「have＋人＋原形不定詞」（人に～してもらう）

UNIT 35

「～すること」を表す 動名詞

▶▶▶▶ 動詞にingを付けて、名詞のように機能させるのが動名詞です。会話で使うのにも便利な用法です。

□ 1	彼は料理を作るのは好きだが、皿を洗うのは嫌いだ。	cooking, washing
□ 2	君の靴、磨いた方がいいよ。	cleaning
□ 3	ギターを演奏することが、彼にとっては人生における最大の情熱です。	Playing ～
□ 4	グウェンはスポーツをすることにはあまり関心がない。	playing
□ 5	外国語を学ぶには勤勉さが必要です。	Learning ～
□ 6	道路でタバコを吸ったら、罰金を科すべきです。	smoking
□ 7	将来何が起こるかはわからない。	There is no telling ～
□ 8	お客様に庭を案内することもあなたの仕事です。	guiding
□ 9	一人で暮らす方がいいです。	would prefer living ～

ヒント 3 情熱：passion　4 ～に関心がある：be crazy about ～
5 require：必要とする

1 2 3 4 5
繰り返し学習Check! ▶ □□□□□

「動詞＋ing」の形になるのは動名詞も現在分詞も同じですが、動名詞は、その名称が示すように動詞でありながら、名詞としての働きをします。例えば、Smoking is bad for your health.（喫煙は健康に悪い）のSmokingは「タバコを吸うこと」という名詞的な役割で、主語になっています。動名詞は、目的語や補語にもなります。

Track 35

1 **He loves cooking, but hates washing dishes.**
cookingはlovesの、washingはhatesの目的語となっている。

2 **It looks like your shoes need cleaning.**
「need＋動名詞」（～する必要がある）

3 **Playing the guitar is his greatest passion in life.**
Playingが主語になっている。

4 **Gwen isn't crazy about playing sports.**
playingはaboutの目的語になっている。

5 **Learning a foreign language requires hard work.**
Learningが主語になっている。

6 **There should be a fine for smoking on the street.**
forの後は、名詞や動名詞を用いる。

7 **There is no telling what will happen in the future.**
There is no ～ ing（～することはできない）

8 **Your job includes guiding guests around the garden.**
guidingがincludesの目的語になっている。

9 **I would prefer living alone.**
would prefer ～ ing（～する方を好む）

UNIT 36

「～している」を表す 現在分詞

▶▶▶▶ 現在分詞は「動詞＋ing」の形で、進行形をつくったり、形容詞のように名詞を修飾したりします。

□ 1	君のお母さんなら、書斎でお友達と会っているよ。	▶ meeting
□ 2	キムは今朝、上司が喫茶店に入っていくところを見た。	▶ going
□ 3	ウィルソン先生は、生き字引(歩く辞書)だ。	▶ walking
□ 4	英語圏の国に行ったことはありますか。	▶ speaking
□ 5	あそこで笑っている女の子がメイです。	▶ laughing
□ 6	彼はそう言ったとき、冗談を言っていたんですよ。	▶ joking
□ 7	赤ちゃんが泣いたので、眠っていたお父さんが起きた。	▶ crying, sleeping
□ 8	あなたを驚かせるニュースがあります。	▶ surprising
□ 9	1時間以上待たされているのですが。	▶ waiting

ヒント 1 書斎：study

繰り返し学習Check! ▶ 1 □ 2 □ 3 □ 4 □ 5 □

現在分詞とは「動詞＋ing」の形で「～している」という意味を表します。形は動名詞と同じですが、現在分詞は名詞ではなく、動詞としての働きを保ちます。例えばShe's sleeping.（彼女は寝ている）は現在分詞（補語）ですが、She likes sleeping.（彼女は寝ることが好きだ）は動名詞（目的語）です。

Track 36

1 **Your mother is meeting her friends in her study.**

❗ is meetingは現在進行形。☞ Unit 21参照

2 **Kim saw her boss going into the café this morning.**

❗「see＋人＋～ ing」（人が～するところを見る）。☞ Unit 78参照

3 **Ms. Wilson is a walking dictionary.**

❗ walking dictionaryは文字通り「歩いている辞書」の意。

4 **Have you ever visited English-speaking countries?**

❗ English-speaking（英語を話す）

5 **The laughing girl over there is May.**

❗ laughingはgirlを修飾する形容詞的な役割をしている。

6 **I'm sure he must have been joking when he said that.**

❗ must have been ～ ing（～をしていたに違いない）

7 **The crying baby woke up her sleeping father.**

❗ crying baby（泣いている → 赤ちゃん）、sleeping father（眠っている → 父親）

8 **I have surprising news for you.**

❗ surprisingがnewsを修飾している。ちなみにnewsは不可算名詞。

9 **I've been kept waiting for more than one hour.**

❗「keep＋ ～ ing」で「～し続ける」。

UNIT 37

「～される」を表す 過去分詞

▶▶▶▶ 過去分詞は「動詞＋ed」（不規則動詞はそれぞれの形）です。３つの用法があるので、会話フレーズで確認しながら練習しましょう。

□ 1	ハワイに行ったことがありますか。	▶ been
□ 2	ピザは完全に焼けたら、パリッとしているものだ。	▶ baked
□ 3	その故障車が交通を妨げていました。	▶ broken-down
□ 4	有名な俳優に会ったとき、私たちは興奮しました。	▶ excited, well-known
□ 5	シンヤは昨日、あの美容院で髪を切ってもらいました。	▶ cut
□ 6	私は時計を盗まれた。	▶ stolen
□ 7	盗まれた自転車は、駅の近くで見つかりました。	▶ stolen, found
□ 8	私は歴史に興味がある。	▶ interested
□ 9	残っているチケットがありますか、それとも全部売れましたか。	▶ left, sold out

ヒント **2** 完全に：completely　パリッとした：crispy　**3** 妨げる：block

英文法のルール

繰り返し学習Check! ▶ 1 □ 2 □ 3 □ 4 □ 5 □

過去分詞は、例えばdone（原形do）やseen（原形see）、played（原形play）などの形で、「～される」「～された」という受け身の意味を表現するものです。用法は、①現在完了・過去完了などをつくる、②受動態をつくる、③ a retired person（退職者）のように形容詞的な役割をする、という3つがあります。

Track 37

1 **Have you ever been to Hawaii?**

been＜be。have been to ～（～に行ったことがある）

2 **The pizza should be crispy when completely baked.**

when (it is) completely baked（[ピザが] 完全に焼けたとき）

3 **The broken-down car was blocking traffic.**

break-broke-broken

4 **We got excited when we met a well-known actor.**

know-knew-known。excitedもwell-knownも形容詞化している。

5 **Shinya got his hair cut at the hair salon yesterday.**

「get＋モノ＋過去分詞」（モノを～してもらう）。cut-cut-cut

6 **I had my watch stolen.**

「have＋モノ＋過去分詞」（モノを～される）［被害］。steal-stole-stolen

7 **The stolen bike was found near the station.**

stolenは名詞を修飾し、foundは受動態をつくっている。find-found-found

8 **I am interested in history.**

be interested in ～（～に関心がある）

9 **Are there any tickets left, or are they all sold out?**

leave-left-left、sell-sold-sold

UNIT 38

「時」「理由」などを表す 分詞構文

分詞を使って副詞句をつくるのが分詞構文です。難しいイメージがありますが、パターンを覚えてしまえば、会話でも上手に使うことができるはず。

□ 1	エイミーを見かけて、彼は彼女の方に走っていった。	Seeing ～
□ 2	お金がないから、新しいパソコンを買う余裕なんてないよ。	Being ～
□ 3	天気が荒れ模様だったので、私たちは家にいた。	being
□ 4	そのプロジェクトを終えたので、少しは時間があります。	Having finished ～
□ 5	ここから見ると、あの塔は鉛筆のように見える。	Seen ～
□ 6	疲れて空腹だったが、仕事を続けた。	Being ～
□ 7	簡単な英語で書かれているので、このテキストは理解しやすい。	Written ～
□ 8	彼女からメールが来て、ここに泊まれるかと聞いています。	asking
□ 9	そうは言ったけど、あなたたち二人はもっと話し合うべきだと思いますよ。	Having said ～

ヒント 3 (天気が) 荒れ模様の：stormy

繰り返し学習Check! ▶ 1 □ 2 □ 3 □ 4 □ 5 □

分詞構文は、現在分詞や過去分詞を用いて、時や理由を表すなど副詞節と同じような役割をします。例えば、Seeing me, he run away.（私を見たとたん、彼は逃げていった）のSeeing meの部分はWhen he saw meあるいはAs soon as he saw meと同意です。分詞の主語が主文と同じなら省略し、主文と異なれば省略しません。

Track 38

1 **Seeing Amy, he ran in her direction.**

Seeing Amy = When he saw Amy / As soon as he saw Amy

2 **Being poor, I can't afford a new computer.**

Being poor = As I am poor / Because I am poor

3 **It being stormy, we stayed at home.**

It being stormy = As it was stormy。主語が異なる場合は、分詞の主語を省略しない。

4 **Having finished the project, I have a little more free time.**

分詞構文の時制が主文の時制より過去の場合は、完了の分詞を使う。

5 **Seen from here, the tower looks like a pencil.**

Seen from here = When [If] it's seen from here

6 **Being tired and hungry, I continued to work.**

Beingはよく省略される。(Being) Tired and hungry = Although I was tired and hungry

7 **Written in simple English, this textbook is easy to understand.**

Written in simple English = As this textbook is written in simple English

8 **She emailed me, asking if she can stay with us.**

asking = and (she) asked

9 **Having said that, I still think you two should talk more.**

Having said that = Although I said that

Column 5

this / that / itをどう使い分けるか

thisは自分に一番近いものを指して「これ」と言う場合に使います。

thatは、日本語の「それ」「あれ」に近く、相手に近いものや、自分からは遠いもの、またThat's a good idea.（いい案ですね）のように相手が述べたことを指します。

itは、例えばI bought a new laptop. It's very fast and light.（新しいノートパソコンを買った。高速で軽いよ）のように、特定されたものを示します。一方、My laptop was broken. I need a new one.（ノートパソコンが壊れてしまった。新しいのが要る）のように、不特定の場合はoneを使います。

☞ Unit 63参照

第6章

会話できる 関係詞・受動態・仮定法

「関係詞」「受動態」「仮定法」は難しいという印象をもっている人も多いようです。簡単なフレーズに乗せて、生活に直結した内容を話してみましょう。

Track 39 ▶▶ Track 48

UNIT 39

「主格」の関係代名詞

▶▶▶▶ まず主格の役割をする関係代名詞を会話で使う練習をしましょう。who, which, thatがあります。

□1	困っている人を助けようとする人を私は尊敬します。	▶ who
□2	私と一緒に仕事をしている女性はとても優秀だ。	▶ who
□3	隣に住むハリスさんは、猫を８匹飼っている。	▶ who
□4	その映画を見た人はみんな感動しました。	▶ who
□5	これはアリソンが描いた絵です。	▶ which / that
□6	私は築50年の家に住んでいます。	▶ which / that
□7	私が先週参加したセミナーは、かなりためになりました。	▶ that / which
□8	テーブルの上にあった本はどこですか。	▶ that / which
□9	あなたに必要なのはもっと休みを取ることです。	▶ What ～

ヒント 1 困っている人：people in need　2 優秀な：competent
4 感動して：impressed　7 ためになる：informative　9 休み：breaks

繰り返し学習Check! ▶ 1 □ 2 □ 3 □ 4 □ 5 □

英文法のルール

関係代名詞の主格とはI have a friend who lives in Paris.（パリに住んでいる友達がいます）のようにwhoが関係詞節の主語となっているものです。この文ではwhoは動詞livesの主語になっていますね。関係代名詞の主格は省略できません。who（人）以外に、which（モノ）、that（人・モノ）があります。

Track 39

1 **I respect people who try to help people in need.**

who = people

2 **The woman who works with me is very competent.**

who = the woman

3 **Mr. Harris who lives next door keeps eight cats.**

who = Mr. Harris

4 **Everyone who saw the movie was impressed.**

who = everyone

5 **This is the picture which [that] was painted by Alison.**

which / that = the picture

6 **I live in a house which [that] was built 50 years ago.**

which / that = a house

7 **The seminar that [which] I attended last week was quite informative.**

that / which = the seminar

8 **Where is the book that [which] was on the table?**

that / which = the book

9 **What is necessary for you is more breaks.**

What = the thing that。whatは先行詞と関係代名詞を兼ねる。

UNIT 40

「所有格」の関係代名詞

▶▶▶▶ 関係代名詞の所有格はwhoseで、人・モノ共通です。先行詞が持っているものを続けることを意識しましょう。

□ **1** 青い屋根の家が見えますか。 ▶ whose (roof)

□ **2** 赤毛のあの子供を知っていますか。 ▶ whose (hair)

□ **3** あなたがその作品をほめている作家に会いました。 ▶ whose (works)

□ **4** 私たちは人口が約10万人の市に住んでいます。 ▶ whose (population)

□ **5** 私は教師志望の学生を教えている。 ▶ whose (dream)

□ **6** 私は日本が大好きだという両親を持つ少年に会いました。 ▶ whose (parents)

□ **7** ブライアンには物理学を専攻している娘さんがいる。 ▶ whose (major)

□ **8** 名前がまだ決まっていない赤ちゃんトラは、その動物園で大人気です。 ▶ whose (name)

□ **9** 入り口があそこに見える喫茶店で待っていてください。 ▶ whose (door)

ヒント **3** ほめる：admire　**7** 物理学：physics

繰り返し学習Check! ▶ □□□□□ (1 2 3 4 5)

関係代名詞の所有格はwhoseを使い、「～の」という所有の意味を表します。例えば、a house whose roof is red（屋根の赤い家）やa child whose hair is black（髪の黒い子供）のように、先行詞のモノ（house）や人（child）が持っているものを説明する働きをします。

Track 40

1 **Can you see the house whose roof is blue?**
whose = house's

2 **Do you know the child whose hair is red?**
whose = child's

3 **I met the writer whose works you admire.**
whose = writer's

4 **We live in a city whose population is about 100 thousand.**
whose = city's

5 **I've been teaching students whose dream is to be teachers.**
whose = students'

6 **I met a boy whose parents love Japan.**
whose = boy's

7 **Brian has a daughter whose major is physics.**
whose = daughter's

8 **The baby tiger, whose name hasn't been decided, is very popular at the zoo.**
whose = baby tiger's

9 **Wait for me at the coffee shop whose door you can see there.**
whose = coffee shop's

UNIT 41

「目的格」の関係代名詞

▶▶▶▶ 関係代名詞の目的格は、whom / who, that, whichですが、会話ではよく省略されます。ここでは、省略・非省略の両方を練習しておきましょう。

□ 1 こちらが、私がよく話しているエリです。 ▶ who / whom

□ 2 彼女が、あなたがパーティーで知り合った女性ですか。 ▶ who / whom

□ 3 彼は、読んだ本を私にくれました。 ▶ that / which

□ 4 ここは父が働いている会社です。 ▶ which / that

□ 5 私は、自分が生まれた町に行ってきました。 ▶ which / that

□ 6 なくした鍵を見つけましたか。 ▶ that / which

□ 7 私にできる最善を尽くすと約束します。 ▶ that / which

□ 8 私がしたことはすべて、あなたのためでした。 ▶ that / which

□ 9 私は彼女に、持っていたお金を全部あげた。 ▶ that / which

繰り返し学習Check! ▶ 1□ 2□ 3□ 4□ 5□

英文法のルール

目的格になる関係代名詞の代表的なものはwhomですが、現在ではほとんどwhoで代用されます。例えば、That's the man ------ I met yesterday.（あれは私が昨日会った人だ）では、I met the man yesterdayという目的語の部分なので、本来はwhomが使われますが、whoが使われるか、省略されます。

Track 41

1 **This is Eri who [whom] I often talk about.**

❗ who = Eri。I often talk about Eriとつながる。

2 **Is she the woman who [whom] you met at the party?**

❗ who = woman。you met the woman at the partyとつながる。

3 **He gave me some books that [which] he read.**

❗ which / that = books。he read some booksとつながる。

4 **This is the company which [that] my father works at.**

❗ which / thatだけでは場所を表せないので、最後のatを忘れないように。

5 **I went to the town which [that] I was born in.**

❗ 最後のin を忘れないように。

6 **Have you found the key that [which] you lost?**

❗ which / that = key。you lost the keyとつながる。

7 **I promise I'll do the best (that/which) I can.**

❗ that / which = the best。I canの後にはdoが省略されている。

8 **Everything (that/which) I did was for you.**

❗ that / which = everything。I did everythingとつながる。

9 **I gave her all the money (that/which) I had.**

❗ that / which = money。I had all the moneyとつながる。

UNIT 42

副詞の働きで文をつなぐ
関係副詞

▶▶▶▶ 副詞的な働きをする関係詞を関係副詞と呼びます。where, when, how, why があります。関係代名詞との用法の違いに注意しながら練習しましょう。

□ 1 あなたが育った町に行ってきました。 ▶ where

□ 2 これは、私が住みたいと思っていた所です。 ▶ where

□ 3 私たちが初めて会ったときのことを、私は忘れません。 ▶ when

□ 4 あなたがここに着いた日はとても蒸し暑かった。 ▶ when

□ 5 このようにして彼は疑問を解きました。 ▶ (the way) how

□ 6 どのようにこれをしたのか、教えてください。 ▶ (the way) how

□ 7 彼がなぜあのようなことをしたのか、知っていますか。 ▶ (the reason) why

□ 8 なぜ政府は対応が遅いのか、その理由を知りたいものです。 ▶ (the reason) why

□ 9 私が彼を信用すべき理由はありません。 ▶ reason (why)

ヒント 1 育つ：be brought up　4 蒸し暑い：humid　9 信用する：trust

繰り返し学習Check! ▶ 1 □ 2 □ 3 □ 4 □ 5 □

関係副詞のwhereの例は、I remember the place where you lived.（あなたが住んでいた場所を覚えています）です。この文は、I remember the place.とYou lived in the place.の2文から成り、場所を表す副詞句のin the placeが関係副詞のwhereに置き換えられて、2文が結びついています。

Track 42

1 **I went to the town where you were brought up.**
where = in the town。you were brought up in the town

2 **This is the place where I've wanted to live.**
where = in the place。I've wanted to live in the place

3 **I'll never forget the time when we first met.**
when = at the time。the timeは省略されることがある。

4 **The day when you arrived here was very humid.**
when = on the day。you arrived here on the day

5 **This is (the way) how he solved the questions.**
how = the way。the wayはhowと一緒に使われることはまずない。

6 **Tell me (the way) how you did this.**
how = the way。Tell me the way you did this.と言っても同意。

7 **Do you know (the reason) why he did that?**
why = the reason

8 **We want to know (the reason) why the government is slow to act.**
why = the reason

9 **There's no reason (why) I should trust him.**
why = reason

UNIT
43

「〜される」を表す
受動態の基本

▶▶▶▶ 受動態は「主語が〜される」というように動作を受ける文のことです。まず基本のパターンを会話フレーズで練習してみましょう。

□ 1	これらの花は母が世話をしています。	▶ are taken care of by
□ 2	この小説は川端（康成）によって書かれた。	▶ was written by
□ 3	このパソコンはグレースがくれました。	▶ was given 〜 by
□ 4	ナオコから、あなたと話すように頼まれました。	▶ was asked 〜 by
□ 5	電話はベルが発明しました。	▶ was invented by
□ 6	メイはティムの父親にそのパーティーに招待されました。	▶ was invited 〜 by
□ 7	ケーキは新郎新婦によって切られているところです。	▶ is being cut by
□ 8	そのタワーは12月中ライトアップされます。	▶ will be illuminated
□ 9	花火は屋根から見ることができます。	▶ can be seen

ヒント 2 小説：novel　7 新郎新婦：newly-married couple　9 花火：fireworks

繰り返し学習Check! ▶ 1□ 2□ 3□ 4□ 5□

受動態の基本は「be動詞＋動詞の過去分詞＋by」の形で、「(人や物が) ～される」という意味です。普通の文（能動態）Hiroshi sends some e-mails every day.（ヒロシは毎日メールを送る）を受動態にすると、Some e-mails are sent every day by Hiroshi.となります。動作の主体が予測できるときなどはby ～は省略可能です。

Track 43

1 **These flowers are taken care of by my mother.**

能動態：My mother takes care of these flowers.

2 **This novel was written by Kawabata.**

能動態：Kawabata wrote this novel.

3 **This PC was given to me by Grace.**

能動態：Grace gave me this PC.

4 **I was asked to talk with you by Naoko.**

能動態：Naoko asked me to talk with you.

5 **The telephone was invented by Bell.**

能動態：Bell invented the telephone.

6 **May was invited to the party by Tim's father.**

能動態：Tim's father invited May to the party.

7 **The cake is being cut by the newly-married couple.**

能動態：The newly-married couple is cutting the cake.

8 **The tower will be illuminated during December.**

能動態：They (Someone) will illuminate the tower during December.

9 **The fireworks can be seen from the roof.**

能動態：You can see the fireworks from the roof.

UNIT 44 さまざまな受動態

▶▶▶▶ ここではbyを用いない受動態を中心に練習しましょう。どのフレーズもby以下が示されていなくても文として成立するものばかりです。

□ 1 このケーキは大豆から作られています。 ◎ is made from

□ 2 このテーブルは大理石でできている。 ◎ is made of

□ 3 これは何でできているのですか。 ◎ is ~ made from

□ 4 富士山は新幹線から見える。 ◎ can be seen

□ 5 この城は15世紀初頭に建てられました。 ◎ was built

□ 6 その国ではフランス語が話されます。 ◎ is spoken

□ 7 私はそのパーティーに行かされた。 ◎ was made

□ 8 この単語はどのように発音されるのですか。 ◎ is ~ pronounced

□ 9 もっと教育にお金を使うべきです。 ◎ should be spent

ヒント 1 大豆：soy　2 大理石：marble　5 城：castle　世紀：century

英文法のルール

繰り返し学習Check! ▶ 1 □ 2 □ 3 □ 4 □ 5 □

byが省略されるのは、大勢の人が行う場合、動作の主体が誰であるかが重要ではない、あるいは明白な場合、一般的な事柄を説明する場合などです。例えば、Wine is made from grapes.（byなし）は一般論ですが、This wine is made from apples by Ms. Honda.（byあり）なら、ある特定のワインについての話となります。

Track 44

1 **This cake is made from soy.**
be made fromは「原料（元が何かわからなくなっている)」を表す。

2 **This table is made of marble.**
be made ofは「材料（元が何であるかわかる)」を表す。

3 **What is this made from?**
be made from ～の原料の部分を尋ねる表現。

4 **Mt. Fuji can be seen from the Shinkansen.**
can be seen（見られる）

5 **This castle was built in the early 15th century.**
動作主が明確であったり重要でなければ、by ～は省略される。

6 **French is spoken in that country.**
能動態：People in the country speak French.

7 **I was made [forced] to go to the party.**
能動態：They made me go ～ / They forced me to go ～

8 **How is this word pronounced?**
能動態：How do you pronounce this word?

9 **More money should be spent on education.**
能動態：They should spend more money on education.

UNIT 45

受動態の定番表現

▶▶▶▶ 受動態の形をとる定番表現はたくさんあります。このユニットでは重要な定番表現を会話フレーズでマスターしましょう。

□ **1** その俳優は慈善活動を行っていることでよく知られている。 ▶ is ~ known for

□ **2** 私は彼の態度に驚いた。 ▶ was surprised by

□ **3** この映画は実話に基づいている。 ▶ is based on

□ **4** その部屋の壁には絵がたくさん掛かっていた。 ▶ was covered with

□ **5** 勤務先は大阪の中心部にあります。 ▶ is located in

□ **6** 私はその結果に満足しています。 ▶ am satisfied with

□ **7** 私はその会議に出ることになっているのでしょうか。 ▶ Am ~ supposed to

□ **8** 後の祭りだ。 ▶ is done

□ **9** 彼女は多作な作家であると言われています。 ▶ is said to

ヒント **1** 慈善活動：charitable activities　**2** 態度：attitude　**6** 結果：result
9 多作な：prolific

英文法のルール

繰り返し学習Check! ▶ 1 □ 2 □ 3 □ 4 □ 5 □

受動態に続くのはbyのみではありません。例えば「Aは～で知られている」と言いたい場合、A is known for ～とfor の後に知られている内容を続けます。道が落ち葉で覆われている場合には、The street is covered with leaves.とwithの後にleavesを続けます。byは動作の主体を表現し、人間以外にはあまり使われません。

Track 45

1 **The actor is well known for his charitable activities.**
be known for ～（～で知られている）、be known as ～（～として知られている）

2 **I was surprised by his attitude.**
be surprised by / at / with ～（～に驚く）

3 **This film is based on a true story.**
be based on ～（～に基づく）

4 **The wall of the room was covered with pictures.**
be covered with ～（～で覆われている）

5 **My office is located in the center of Osaka.**
be located in ～（～に位置する、～にある）

6 **I'm satisfied with the result.**
be satisfied with ～（～に満足している）

7 **Am I supposed to attend the meeting?**
be supposed to ～（～することになっている）。be expected to、be scheduled toも同様の意味。

8 **The damage is done.**
直訳すれば「ダメージがなされた」。

9 **She is said to be a prolific writer.**
They say ～の受動態。

UNIT 46

実現しそうにないことを仮定する 仮定法過去

▶▶▶▶ 仮定法過去は現在・未来の実現しそうにないことを仮定するときに使います。会話でもよく使うので、しっかり練習しましょう。

□ 1 私があなただったら、そんなことはしません。 ▶ If I were ～

□ 2 もし宝くじに当たったら、新しい車を買うのに。 ▶ If I won ～

□ 3 もし彼女が社長だったら、新製品の開発に成功するかも。 ▶ If she were ～

□ 4 もしあなたが彼の立場だったら、怒るかもしれません。 ▶ If you were ～

□ 5 もし彼らが本当のことを知ったら、驚くでしょう。 ▶ If they knew ～

□ 6 このテストを受けずに済むならなあ。 ▶ I wish ～

□ 7 あなたもここにいるといいのに。 ▶ I wish ～

□ 8 羽があったらいいのに。 ▶ I wish ～

□ 9 彼女が文句をやめてくれるといいのですが。 ▶ I wish ～

ヒント 2 宝くじ：lottery　3 社長：president　開発する：develop
8 羽：wings　9 文句を言う：complain

繰り返し学習Check! ▶ 1 □ 2 □ 3 □ 4 □ 5 □

仮定法過去は、「If＋S＋動詞の過去，S＋would/could等＋動詞の原形」という形で、現在または未来のことを仮定する場合に使います。日本語でも「あなたが話したら、彼もわかるかも」（＝If you told him, he might understand.）と過去形を使うのと似ています。実現の可能性については考えていません。

Track 46

1 **If I were you, I wouldn't do such a thing.**
❗ wereではなく、wasを使うことも多くなっている。

2 **If I won the lottery, I'd buy a new car.**
❗ won＜win、I'd＝I would

3 **If she were president, she would succeed in developing a new product.**
❗ She would ～ if she were ... とも言える。

4 **If you were in his shoes, you'd get angry.**
❗ be in one's shoesは「その人の立場になる」という意味。

5 **If they knew the truth, they would be surprised.**
❗ knew＜know

6 **I wish I didn't have to take the test.**
❗「I wish＋S＋過去形」で、「～だったら（いいのに）なあ」と願望を表現する。

7 **I wish you were here.**
❗ 絵はがきなどに書く決まり文句でもある。

8 **I wish I had wings.**
❗ 実現の可能性については考えていない。

9 **I wish she would stop complaining.**
❗「I wish＋自分以外の人＋would＋動詞原形」（～してくれればいいのに［してくれない］）

UNIT 47

過去の事実に反することを仮定する
仮定法過去完了

▶▶▶▶ 仮定法過去完了は過去の事実に反することを仮定します。会話でも意外に使う場面があるので、日常会話でよく出る話題で練習しておきましょう。

□ 1 もしあのときプロポーズしてくれていたら、あなたと結婚していたかも。 ▶ If you had popped ～

□ 2 もっと練習していたら、私たちが優勝していたかも。 ▶ If we had practiced ～

□ 3 あなたの状況を知っていたら、手助けを申し出たのに。 ▶ If I had known ～

□ 4 寝坊しなかったら、彼は飛行機に間に合っていたのに。 ▶ ～ if he hadn't overslept

□ 5 天気があれほど悪くなければ、外出できたのに。 ▶ If the weather hadn't been ～

□ 6 時間があれば、ニューヨークに行っていたかも。 ▶ ～ if I had had ～

□ 7 もっと早くにこのことを伝えればよかったですね。 ▶ I should've told ～

□ 8 彼らにもっと優しくしておくんだった。 ▶ I should have been ～

□ 9 若い頃もっと勉強すればよかった。 ▶ I wish ～

ヒント 1 プロポーズする：pop the question　2 優勝：first prize　3 状況：situation

繰り返し学習Check! ▶ 1 □ 2 □ 3 □ 4 □ 5 □

英文法のルール

「If＋S＋had＋過去分詞, S＋would等＋have＋過去分詞」で、「(あのとき) …だったら、〜」のように、過去の出来事について仮定します。If I hadn't seen you at that time, I wouldn't have married you.（もしあのときあなたに出会わなかったら、結婚していなかっただろう）では、実際には出会って結婚したということです。

Track 47

1 **If you had popped the question, I would have married you.**
❗プロポーズしてくれなかったので、結婚もしなかったことがわかる。

2 **If we had practiced more, we would have won the first prize.**
❗実際には、練習しなかったので優勝しなかった。

3 **If I had known your situation, I would have offered you some help.**
❗状況を知らなかったので、手助けを申し出なかった。

4 **He would have caught his flight if he hadn't overslept.**
❗実際には寝坊して間に合わなかったことがわかる。

5 **If the weather hadn't been so bad, we would have gone out.**
❗実際には天気がとても悪くて外出できなかった。

6 **I might have gone to New York if I had had enough time.**
❗I would have gone / I could have gone 〜なども同意。

7 **I should've told you about this earlier.**
❗主節のみの仮定法過去完了。「should＋have＋過去分詞」で、後悔の気持ちを表現できる。

8 **I should have been kinder to them.**

9 **I wish I had studied harder when I was young.**
❗「I wish＋S＋had＋過去分詞」で、「(あのとき) 〜だったらよかった」。

UNIT 48

会話で上手に使おう さまざまな仮定法

▶▶▶▶ 直説法を中心に、as ifやif anyなど会話でよく使う仮定法のパターンを覚えましょう。日常会話のフレーズに埋め込んで練習しましょう。

□ **1** 雨がやめばハイキングに行きます。 ▶ If it stops ~

□ **2** 必要なら今晩お訪ねします。 ▶ If (it is) necessary ~

□ **3** 一生懸命やれば、努力は報われますよ。 ▶ ~ if you try ~

□ **4** 水を熱すれば沸騰する。 ▶ If you heat ~

□ **5** 何か質問がありましたら、遠慮なくお尋ねください。 ▶ ~ if any

□ **6** あなたはまるで白日夢でも見ているみたいですよ。 ▶ as if ~

□ **7** 寝る時間ですよ。 ▶ It's time ~

□ **8** もし彼女があのとき助けてくれなかったら、私は今困っていただろう。 ▶ If she hadn't helped ~

□ **9** もしあなたがあのときプロポーズしていたら、私たちは一緒に暮らしていたかもしれない。 ▶ If you had asked ~

ヒント **3** 努力：efforts　報われる：be rewarded　**4** 沸騰する：boil
5 遠慮なく～する：feel free to ~　**6** 白日夢を見る：daydream

繰り返し学習Check! ▶ 1 □ 2 □ 3 □ 4 □ 5 □

直説法とは、「If＋S＋現在形, S＋will＋動詞の原形」で、現在・未来のことを仮定・想像します。例えば、If you go to the party, I will go too.（あなたがそのパーティーに行くなら、私も行きます）のように使われ、かなりの確率で言っていることを実行したいというニュアンスです。

Track 48

1 **If it stops raining, we will go hiking.**

実際にはI will go hiking if it stops raining.と自分の意志を先に言うことが多い。

2 **If (it is) necessary, I'll visit you tonight.**

I would visit ～と異なり、かなり本気だということがわかる。

3 **Your efforts will be rewarded if you try hard.**

「本当に報われますよ」という気持ちがこもっている。

4 **If you heat water, it boils.**

直接法は、このように事実にも使える。

5 **Please feel free to ask questions, if any.**

よく使われる表現。Correct errors, if any.（誤りがあれば訂正しなさい）

6 **You look as if you were daydreaming.**

as ifの後は、現実と違うことは仮定法過去、そうでなければ仮定法は用いない。

7 **It's time you went to bed.**

It's timeの後に「主語＋過去形」を続けることで、「～してもいい頃だ」という仮定法過去になる。

8 **If she hadn't helped me at that time, I'd be in trouble today.**

「（過去のあのとき）～だったら、（今は）～かも」と表現している。

9 **If you had asked me to marry you, we would be living together.**

プロポーズしなかったのは過去のことで、一緒に暮らしていたかもと現在のことを思っている。

Column 6

関係詞のまとめ

第６章で練習した関係代名詞・関係副詞を一覧にしてまとめておきます。頭の整理に利用してください。

●関係代名詞

先行詞／格	主格	所有格	目的格
人	who	whose	whom / who
モノ	which	whose / of which	which
人・モノ	that	—	that

●関係副詞

関係副詞	先行詞	先行詞の例
when	時を表す語	day, yearなど
where	場所を表す語	house, countryなど
why	理由を表す語	reason
how	なし	—

☞ UNIT 39 ～ 42参照

第7章

会話できる 形容詞・副詞・比較

「形容詞」「副詞」という修飾語を総復習します。「比較」はよく使うパターンに絞って練習しましょう。

Track 49 ▶▶ Track 57

UNIT 49

名詞を修飾する 形容詞の限定用法

▶▶▶▶ なにげなく使っている形容詞ですが、会話には欠かせない要素です。まず限定用法の形容詞を練習してみましょう。

□ **1** これが都心への主要な道路です。 ▶ main

□ **2** たいしたことではありません。 ▶ much

□ **3** 彼女は友達が少ししかいない。 ▶ a few

□ **4** この地域は、ほとんど雪が降りません。 ▶ little

□ **5** コーヒーをいかがですか。 ▶ some

□ **6** 最近は、ほとんどの子供が携帯電話を持っている。 ▶ Most ～

□ **7** これが、まさしく私が話していた店です。 ▶ very

□ **8** トンプソンさんは前市長の秘書でした。 ▶ former

□ **9** その仕事に応募するには、以前の経験が必要になるでしょう。 ▶ Previous ～

ヒント **1** 都心：city center　**8** 市長：mayor　秘書：secretary
9 ～に応募する：apply for ～　経験：experience

繰り返し学習Check! ▶ 1 □ 2 □ 3 □ 4 □ 5 □

形容詞は名詞を修飾します。限定用法とは、形容詞を名詞の前または後ろに置いて修飾する用法です。例えば、She's a pretty girl.と言うと、prettyという形容詞はgirlという名詞を修飾するので限定用法になります。形容詞の中には限定用法でしか用いられないものがあります。

Track 49

1 **This is the main road to the city center.**

mainは「主な」「主要な」で、続く名詞を限定する。

2 **It's nothing much.**

muchは「多くの」「多量の」で、不可算名詞を修飾する。

3 **She has only a few friends.**

fewは可算名詞を修飾。a few（少しはある）、few（ほとんどない）。

4 **We have little snow here.**

littleは不可算名詞を修飾。a little（少しはある）、little（ほとんどない）。

5 **Would you like some coffee?**

someは「いくつ、いくらか（の）」で、可算・不可算名詞の両方に使える。

6 **Most children have cellphones these days.**

mostは「ほとんどの」「もっとも」「最高（多）の」などを表す。

7 **This is the very shop I talked about.**

veryは「まさに、ちょうど」という意味で、強調する。

8 **Mr. Thompson used to be a secretary to the former mayor.**

formerは「前（先）の」という意味で、役職などを限定する。

9 **Previous experience will be needed to apply for the job.**

previousは「前（先）の」という意味で、続く出来事・役職などを限定する。

UNIT 50

主語を説明する
形容詞の叙述用法

▶▶▶▶ 形容詞が文の補語になるのが叙述用法です。形容詞には①限定用法のみ、②叙述用法のみ、③どちらにも使える、という３種類があります。

□ 1 あなたと一緒にいると幸せです。 ▶ happy

□ 2 私はそれでいいですよ。 ▶ fine

□ 3 私には大勢の聴衆を前に話をする度胸がない。 ▶ large

□ 4 あの店は値段が高すぎます。 ▶ high

□ 5 あなたにとって、それは都合がいいですか。 ▶ convenient

□ 6 私はそのプロジェクトを１週間で終わらせられません。 ▶ impossible

□ 7 彼はすぐに絵を描いて暮らせるでしょう。 ▶ able

□ 8 マイクはそのクラブに入りたがっている。 ▶ interested

□ 9 いつでも遠慮なく電話ください。 ▶ free

ヒント 3 聴衆：audience　度胸がある：have the nerve
7 ～で暮らせる：make a living from ～

繰り返し学習Check! ▶ 1 □ 2 □ 3 □ 4 □ 5 □

叙述用法とは、He's happy.（彼は幸せだ）、She makes him happy.（彼女は彼を幸せにする）のように、主語や目的語を説明する補語の役割をします。文型で言えば、前者はSVCの第2文型、後者はSVOCの第5文型になります。これらの文型でCとして働く形容詞が叙述用法です。

Track 50

1 **I feel happy when I'm with you.**
happyが叙述用法の形容詞。

2 **That's fine with me.**
fineが形容詞。That'sを省略し、Fine with me.やOkay with [by] me.なども可能。

3 **I don't have the nerve to speak in front of a large audience.**
「大勢の」聴衆はlargeで表す。manyではないので注意。

4 **The prices are too high at that shop.**
priceはhigh（高い）、low（安い）を使い、expensiveやcheapは使わない。

5 **Is it convenient for you?**
（×）Are you convenient ～とは言えないので注意。

6 **It's impossible for me to finish that project in one week.**
impossibleは人を主語にできない。

7 **He'll be able to make a living from painting soon.**
ableは人を主語にできるが、possibleは事柄が主語になる。

8 **Mike is interested in joining the club.**
be interested in ～（～に関心がある、～が好きだ）

9 **Please feel free to call me anytime.**
feel free to ～（遠慮なく～する）

UNIT 51

「時」「状況」「様態」などを表す 基本の副詞

▶▶▶▶ 副詞は時・状況・様態・強調などさまざまな要素を付加する言葉です。上手に使えば、自分の思いをより効果的に伝えることができます。

□ **1** 彼は腹立たしそうに私を見た。 ▶ angrily

□ **2** 彼女は悲しそうに私を見た。 ▶ sadly

□ **3** 一生懸命やるべきです。 ▶ hard

□ **4** とても面白い映画を見ました。 ▶ very

□ **5** これはずっといいですね。 ▶ much

□ **6** 私は近所に住んでいる人をほとんど知らない。 ▶ hardly

□ **7** ケンタはたいてい午前様です。 ▶ seldom

□ **8** 昼食後、もうお茶を飲みました。 ▶ already

□ **9** リークさんとまだ連絡を取り合っていますか。 ▶ still

ヒント 6 近所：neighborhood
9 ～と連絡を取り合っている：keep in touch with ～

繰り返し学習Check! ▶ 1 □ 2 □ 3 □ 4 □ 5 □

副詞は、動詞、形容詞、副詞を修飾します。「形容詞＋ly」の形になるものがたくさんあるので、覚えるのも簡単です。例えば、形容詞freeの副詞はfreelyで、You can speak your opinions freely.（自分の意見を自由に述べることができます）のように使えます。このfreelyは動詞のspeakを修飾しています。

Track 51

1 **He looked at me angrily.**

angrilyはlookedを修飾している。

2 **She looked at me sadly.**

sadlyが副詞でlookedを修飾。

3 **You should be working hard.**

hard（一生懸命に）。hardly（めったに～ない）と間違わないように。

4 **I saw a very interesting movie.**

veryは形容詞（interesting）を強調する役割をする。

5 **This is much better.**

muchは比較級を強調する。

6 **I hardly know the people living in the neighborhood.**

hardly＝almost not

7 **Kenta seldom gets home before midnight.**

seldom＝very rarely, almost never

8 **I already had some tea after lunch.**

already（すでに）はhadを修飾している。

9 **Do you still keep in touch with Ms. Leek?**

stillは「今もまだ」という意味で、keep in touchを修飾している。

UNIT 52

日常生活でよく使う副詞

▶▶▶▶ 応用的な副詞で、普段よく使うものを練習しましょう。laterとlatelyなど、用法のまぎらわしいものもあります。

□ 1	そのホテルを前もって予約しておく必要がある。	▶ beforehand
□ 2	上に行ってください。彼の事務所がありますので。	▶ upstairs
□ 3	最近このゲームにはまっています。	▶ lately
□ 4	後で話しますよ。	▶ later
□ 5	私たちはもうすぐ着くよ！	▶ almost
□ 6	ここの学生たちはほぼ全員が流暢に英語を話す。	▶ Almost, fluently
□ 7	一番大事な部分を見過ごしましたね。	▶ most
□ 8	どれくらいでそれを終えられますか。	▶ soon
□ 9	ちょっと待って。[早まらないで]	▶ so, fast

ヒント 1 予約する：book　3 ～にはまっている：be hooked on ～
7 見過ごす：miss

繰り返し学習Check! ▶ 1 □ 2 □ 3 □ 4 □ 5 □

使い方を間違いやすい副詞の代表がabroadやoverseasです。どちらも「外国へ」という意味を持ち、I went abroad last year.（去年外国へ行った）のように使います。が、うっかりI went to abroad ...と、toを入れてしまいやすいので、注意しましょう。同じようなものに、upstairsやbeforehandなどがあります。

Track 52

1 We need to book the hotel beforehand.

❗ beforehand = in advance。beforehandの前にinを付けないように。

2 Go upstairs and you'll find his office.

❗ upstairs（上［の階］へ、2階へ）。upstairsの前にtoを付けないように。

3 I've been hooked on this game lately.

❗ latelyやrecentlyは「最近」「このごろ」という意味で、現在完了形で使える。

4 I will talk to you later.

❗ later（後で）は(will) talkを修飾する。at a later date（後日）のlaterは形容詞。

5 We are almost there!

❗ almostは「ほとんど」という意味合い。Almost!（惜しい！）と1語でも使える。

6 Almost all the students here speak English fluently.

❗ almost allの形で覚えておきたい。

7 You missed the most important part.

❗ most（最も、とても）はmanyやmuchの最上級で、importantを修飾する。

8 How soon can you finish it?

❗ soon（間もなく、早く）。How quickly ～でも同意。

9 Not so fast.

❗「用心しなさい」という意味でよく使われる表現。so（そんなに）もfast（早［速］く）も副詞。

UNIT 53

注意したい副詞の用法

▶▶▶▶ 同じ単語でも副詞と名詞、副詞と形容詞というように両様に使えるものがあります。用法を意識しながら、会話フレーズで使ってみましょう。

□ 1	彼には来週の月曜日に会うことになっています。	▶ next Monday
□ 2	弟は去年一人で外国に行きました。	▶ abroad, last year
□ 3	レイチェルは昨夜帰宅がとても遅かった。	▶ home, very late, last night
□ 4	まだそれを読み終えていません。	▶ yet
□ 5	君はもっと物事をわきまえていてもいい年齢だ。	▶ enough
□ 6	新しいことを学ぶのに、遅すぎるということはないですよ。	▶ too
□ 7	「彼が東京へ引っ越したとは知らなかった」「私もです(知りませんでした)」	▶ either
□ 8	「刺身が好きです」「私もです」	▶ too
□ 9	「私はフグを食べたことがありません」「私も(ない)です」	▶ never, neither

ヒント 1 ～することになっている：be supposed to ～
5 物事をわきまえている：know better　8 刺身：raw fish

繰り返し学習Check! ▶ 1 □ 2 □ 3 □ 4 □ 5 □

「家に帰る」と英語で表現したい場合、go to homeなのか go homeなのか、迷ったことはありませんか。homeには名詞と副詞があり、副詞として使われる場合はtoが要らないので、go homeとなります。「明日ね！」と言うときも、See you tomorrow!で、tomorrowは副詞として使われています。

Track 53

1 **I'm supposed to see him next Monday.**
next Mondayが副詞で、seeを修飾している。

2 **My brother went abroad by himself last year.**
abroadは副詞でwentを修飾。（×）went to abroad

3 **Rachel came home very late last night.**
homeとvery late、last nightがいずれも副詞で、cameを修飾している。

4 **I haven't finished reading it yet.**
yetは疑問文や否定文で「まだ」、肯定文では「さらに」「いつか」などの意味。

5 **You are old enough to know better.**
enough to ～で「～するのに十分な」という意味の表現。enoughは直前のoldを修飾する。

6 **It's never too late to start learning something new.**
too ... to ～（～するには…すぎる、…すぎて～できない）。tooはlateを修飾する。

7 **I didn't know he moved to Tokyo. ▶ I didn't either.**
eitherは否定文でalso（～も）の意味で使われる。

8 **I like raw fish. ▶ Me too.**
相手が言った肯定文を受けて、「私も」と言うときの表現。

9 **I've never had *fugu*, or blowfish. ▶ Me neither.**
応答は、I also haven't had fugu.と同意。

UNIT 54

文と文を結びつける
接続副詞

▶▶▶▶▶ 接続副詞は文と文を結びつけて、その関係を示す役割をします。代表的なものを会話フレーズで使ってみましょう。

□ 1	その上、映画上映タイムもあるんですよ。	▶ Also ~
□ 2	第一に、需要が増大しているのです。	▶ First ~
□ 3	同様に、日本の大企業ももっと環境保護策を推進すべきです。	▶ Similarly ~
□ 4	この薬は副作用があります。その上、癖になりやすいのです。	▶ ~. Moreover ~
□ 5	とても遠いし、その上雨も降っていますからね。	▶ besides
□ 6	楽しむべきですよ。そうでなければ続かないでしょう。	▶ ~, otherwise
□ 7	大学を卒業したのだから、もう一人前ですね。	▶ Now (that) ~
□ 8	午後はぜんぜん勉強せず、ソファで寝てしまった。	▶ ~. Instead ~
□ 9	ところで、あの犬はどうなったの？	▶ Incidentally ~

ヒント 2 需要：demand　3 環境保護策：green policies　推進する：promote
4 副作用：side effects　癖になりやすい：addictive

英文法のルール

繰り返し学習Check! ▶ 1 □ 2 □ 3 □ 4 □ 5 □

接続副詞の代表例はフォーマルな場面でよく使うhoweverです。His first work was extraordinary. The second one, however, was mediocre.（彼の処女作はすばらしかったが、2作目は平凡だった）のように、最初の文と次の文を「しかし」という逆接の関係で結びつけています。

Track 54

1 **Also, there's going to be a showing of a movie.**
also（～もまた、同様に、その上）

2 **First, there's a growing demand.**
firstはfirstlyやfirst of allなどと同じで、「まず」「第一に」と注意を引いて話し始めるときに使う。

3 **Similarly, big companies in Japan should promote green policies more.**
similarly（同様に）

4 **This medicine has side effects. Moreover, it can be addictive.**
moreover（さらに、その上）

5 **It's very far, and besides it's raining.**
besides（その上、さらに）

6 **You should enjoy it, otherwise you won't keep doing it.**
otherwise（そうでなければ）。or elseやif notと同意。

7 **Now (that) you graduated from university, you are on your own.**
now that（今や～だから）。thatは省略されることも。

8 **I didn't study at all this afternoon. Instead, I slept on the sofa.**
instead（その代わりに、そうではなく）

9 **Incidentally, what's become of the dog?**
incidentally（ところで）。by the wayと同意。

UNIT 55

「同じくらい～」と言う 同等比較

▶▶▶▶ 複数の物事を比較する表現には「同等比較」「比較級」「最上級」があります。まず同等比較の表現を会話フレーズで練習してみましょう。

□ 1 お母さんと同じくらいきれいですね。 ▶ as ～ as

□ 2 この古い方法も、新しいものと同じくらい効果があります。 ▶ as ～ as

□ 3 あなたのノートパソコンは、私のものとちょうど同じ薄さですね。 ▶ as ～ as

□ 4 彼はあなたほど技能があるわけではない。 ▶ not so ～ as

□ 5 ウォンさんは見た目ほど若くはない。 ▶ not so ～ as

□ 6 彼の靴は私の靴の５倍の値段です。 ▶ ～ times as ～ as

□ 7 あなたのカメラは、私のカメラの半分の重さだ。 ▶ half as ～ as

□ 8 男性は女性の２倍、致命的な事故を起こすそうです。 ▶ twice as ～ as

□ 9 メリッサは夫と同額の収入を得ている。 ▶ the same ～ as

ヒント 2 方法：methods　効果がある：effective　4 技能がある：skillful
8 致命的な：fatal　9 収入：income

1 2 3 4 5
繰り返し学習Check! ▶ □□□□□

英文法のルール

「AはBと同じくらい〜」と英語で表現したい場合は、as 〜 asを使います。例えばA is as big as B.とすれば「AはBと同じくらいの大きさだ」という意味になります。A is not as [so] ... as B.と否定文にすれば、「AはBほど〜ではない」という意味を表します。as 〜 asの「〜」に使う形容詞や副詞は元の形のままです。

Track 55

1 You are as pretty as your mother.
A is as 〜 as B（AはBと同じくらい〜）

2 These old methods are as effective as the new ones.

3 Your laptop is just as thick as my notebook.
just, exactly, nearly, almost, about等はas 〜 asの前に置く。

4 He is not so [as] skillful as you are.
A is not as [so] 〜 as B（AはBほど〜ではない）

5 Mr. Wong is not so [as] young as he looks.

6 His shoes are five times as expensive as mine.
A is five times as 〜 as B（AはBの5倍〜）

7 Your camera is half as heavy as mine.
half as 〜 as（〜の半分）

8 I heard that men have twice as many fatal accidents as women do. twice as 〜 as (〜の2倍)

9 Melissa enjoys the same income as her husband.
the same as 〜（〜と同じ）。Melissa's income is the same as her husband's.としても同意。

UNIT 56

2つのものを比較する
比較級

▶▶▶▶ 比較級は日常会話でも旅行でも意外によく使います。スムーズに口をついて出るように練習しておきましょう。

□ 1	あなたの家は私たちの家より大きいですね。	▶ ～er than
□ 2	このコンピュータはあのコンピュータより安い。	▶ ～er than
□ 3	家族より大切なものはない。	▶ more ～ than
□ 4	もっとゆっくり話してくださいますか。	▶ more
□ 5	今日はずっと気分が良さそうですね。	▶ better
□ 6	状況は悪化しています。	▶ worse
□ 7	今回の台風は、前回の台風より被害が大きかった。	▶ more ～ than
□ 8	彼らは私が思っていたよりずいぶん少額を申し出た。	▶ less ～ than
□ 9	人が多いほど、楽しい。	▶ the 比較級 the 比較級

ヒント 7 被害：damage　(被害を)もたらす：cause

繰り返し学習Check! ▶ 1 □ 2 □ 3 □ 4 □ 5 □

「AはBより～だ」という比較級の作り方は、単語（形容詞・副詞）にerを付けるか、moreを単語の前に置きます。例えば、bigのような１音節の短い語は語尾にerを付けてbiggerとし、beautiful（きれいな）のような２音節以上の長い語やslowlyのようにlyが付く語は、その前にmore を置いて比較級をつくります。

Track 56

1 **Your house is bigger than ours.**

big → bigger

2 **This computer is cheaper than that one.**

cheap → cheaper

3 **Nothing is more important than my family.**

My family is (the) most important (thing to me).としても同意。

4 **Could you please speak more slowly?**

slowly → more slowly

5 **You look much better today.**

better＜good, well。このセリフは病気の人に。muchは強調。

6 **The situation is getting worse.**

worse＜bad, ill, badly

7 **This typhoon caused more damage than the last one.**

more ... than ～（～より大きい…）

8 **They offered much less money than I expected.**

less ... than ～（～より少ない…）

9 **The more the merrier.**

「the＋比較級 the＋比較級」（～であればあるほど～）。The bigger the better.（大きければ大きいほどいい）

UNIT 57

「一番〜だ」と言う
最上級

▶▶▶▶ 最上級はパターン化された言い方もあります。文脈で覚えておくと、単語を変えて応用が利くようになります。

□ 1 これは最も人気があるタブレットの１つです。 ▶ the most 〜

□ 2 これは、私が今まで見た中で一番きれいな絵です。 ▶ the most 〜

□ 3 タナカさんがこの地域で最年長者です。 ▶ the 〜est

□ 4 サミーはこのクラスで一番頭のいい女の子です。 ▶ the 〜est

□ 5 富士山は日本で一番高い山です。 ▶ the 〜est

□ 6 何もしなければ、最悪のケースになるかも。 ▶ The worst 〜

□ 7 口は災いの元。
[言葉が少なければ、すぐに修復できる] ▶ The least 〜 soonest

□ 8 彼には絶対会いたくない。 ▶ the last 〜

□ 9 音楽を聴いているときほど幸せなことはない。 ▶ 〜 est

ヒント 3 地域：community　6 ケース：scenario　7 修復する：mend

繰り返し学習Check! ▶ 1 □ 2 □ 3 □ 4 □ 5 □

「Aは一番（最も）〜だ」という最上級は、biggestのように単語（形容詞・副詞）の語尾にestを付けるか、2音節以上の単語は、most beautifulやmost importantのように、単語の前に(the) mostを置きます。また、goodやwellは、better → bestと変化します。不規則に変化する語はしっかり覚えておきましょう。

Track 57

1 **This is one of the most popular tablets.**
「one of the 最上級＋複数名詞」のパターンで覚えよう。

2 **This is the most beautiful picture I've ever seen.**
「〜 the 最上級＋I've ever ...」（今まで…した中で最も〜）のパターンで覚えよう。

3 **Mr. Tanaka is the oldest person in this community.**
oldestの代わりにeldestも使える。my elder brother（兄）、my eldest daughter（長女）

4 **Sammie is the smartest girl in this class.**
＝Sammie is the smartest of all the girls in this class.

5 **Mt. Fuji is the tallest mountain in Japan.**
＝Mt. Fuji is taller than any other mountain in Japan.

6 **The worst scenario may come true, if nothing is done.**
bad, ill > worse > worst

7 **The least said soonest mended.**
little > less > least

8 **He's the last person I want to meet.**
lastは「一番後の」という意味なので、「一番〜しない」という強い否定になる。

9 **I'm happiest when I listen to music.**
＝I'm never happier than when I'm listening to music.

Column 7

比較のイディオム

比較にはさまざまなイディオムがあります。会話でよく使うものを紹介しますので、練習しておきましょう。

☐ You had better leave now.
（今出かけた方がいいですよ）

☐ She'll find it out sooner or later.
（遅かれ早かれ、彼女にもわかります）

☐ The singer is no longer singing.
（その歌手はもう歌っていない）

☐ I can't stand it any longer.
（もうこれ以上はがまんできない）

☐ I have no more to say.
（もう言うことはありません）
＊noの代わりにnothingも使われる。

☐ You are more diligent than lucky.
（あなたは運がいいというよりは勤勉なのです）

☐ I have no more than five hundred yen.
（私はたった500円しか持っていません）

第8章

会話できる代名詞・冠詞

「代名詞」は、おなじみの主格・所有格・目的格のほか、所有代名詞や再帰代名詞などさまざまなものがあります。冠詞も一緒にフレーズで練習しましょう。

Track 58 ▶▶ Track 67

UNIT 58

「～は」「～が」を表す
主格の代名詞

▶▶▶▶ 主格は主語になる要素で、日本語の「～は」「～が」に当たります。主格の代名詞を使って話す練習をしてみましょう。

- □ **1** 明日のパーティーに彼らは来ると思いますよ。 ▶ I, they
- □ **2** 彼女はすでにペットを飼っていますよね。 ▶ She, she
- □ **3** 彼らは帰り道にいつもあのパン屋に立ち寄る。 ▶ They
- □ **4** あなたは、もうあの新しい映画を見たんですよね。 ▶ You, you
- □ **5** 彼はキャッチボールが好きです。 ▶ He
- □ **6** 彼女が「よろしく」って。 ▶ She
- □ **7** 通常は何時に退社しますか。 ▶ you
- □ **8** 私たちはふつう、7時半頃朝食を食べます。 ▶ We
- □ **9** あなたたちは今夜、夕食に来ますか。 ▶ you guys

ヒント 3 パン屋：bakery

英文法のルール

繰り返し学習Check! ▶ 1 □ 2 □ 3 □ 4 □ 5 □

主格の代名詞

単数			複数		
一人称	二人称	三人称	一人称	二人称	三人称
I	you	he, she, it	we	you	they

Track 58

1 **I think that they are coming to the party tomorrow.**
Iとtheyが主語になっている。

2 **She already has a pet, doesn't she?**
Sheという代名詞が主語になっている。

3 **They always stop by the bakery on their way home.**
Theyという代名詞が主語になっている。

4 **You have seen that new movie already, haven't you?**
このYouは、目の前にいる人に対して使われている代名詞。

5 **He loves to play catch.**
play catchで「キャッチボールをする」。

6 **She says "hi."**
say "hi"で「よろしくと伝える」という意味。say helloもよく使う。

7 **What time do you usually leave the office?**
leave the officeで「退社する」。

8 **We usually eat breakfast around 7:30.**
Weという代名詞が主語になっている。

9 **Can you guys join us for dinner tonight?**
you guysは「あなたたち」「君たち」という呼びかけで、男女を問わず使える。親しい間柄だけ。

UNIT 59

「～の」を表す
所有格の代名詞

▶▶▶▶ 所有格の代名詞は「～の」を表現するもので、後に名詞が続きます。名詞の所有格も練習しましょう。'sを付けると、普通名詞の所有格をつくれます。

□ 1	私の友人のアビーを紹介します。	▶ my
□ 2	私たちの犬はかなり気が荒い。	▶ Our
□ 3	あなたのご両親の便は何時に着くのですか。	▶ your parents'
□ 4	これらは私の鍵ではありません。彼のものです。	▶ my
□ 5	そのライトが点滅し始めるまでは、完了ではありません。	▶ its
□ 6	私の妻の友人の隣に住んでいる人は、有名な俳優です。	▶ My wife's friend's
□ 7	アケミはいつも文句ばかり言っているので、イライラさせられる。	▶ Akemi's
□ 8	ケイコとカズヤの息子は、本当にハンサムだ。	▶ Keiko and Kazuya's
□ 9	今年の元旦は日曜日だ。	▶ New Year's

ヒント 5 点滅する：blink　7 イライラさせる：irritate　9 (日が)～に当たる：fall on ～

英文法のルール

繰り返し学習Check! ▶ 1 □ 2 □ 3 □ 4 □ 5 □

所有格の代名詞

単数			複数		
一人称	二人称	三人称	一人称	二人称	三人称
my	your	his, her, its	our	your	their

Track 59

1 **I'd like to introduce my friend, Abby.**

myは「私の」という意味で、friendを修飾している。

2 **Our dog is quite wild.**

Ourは「私たちの」という意味で、dogを修飾している。

3 **What time does your parents' flight arrive?**

your（あなたの）と、parents'（ご両親の）と、所有格が2つ続く。

4 **These aren't my keys. They're his.**

my が「私の」という所有格でkeysを修飾。最後のhisは「彼のもの」という所有代名詞。

5 **It's not finished until its light starts to blink.**

It's＝It isは「それは～」だが、itsは「それの」という所有格。区別しよう。

6 **My wife's friend's neighbor is a famous actor.**

所有格が連続するケース。

7 **Akemi's constant complaining irritates me.**

直訳すれば、「アケミの絶えず続く文句は、私をイライラさせる」。

8 **Keiko and Kazuya's son is really handsome.**

「AさんとBさんの」と言いたい場合は、2人目を所有格にする。

9 **New Year's Day falls on Sunday this year.**

「大晦日」はNew Year's Eve。

UNIT 60

「～を」「～に」を表す目的格の代名詞

目的格とは他動詞の目的語になり、日本語の「～を」「～に」に当たる部分です。また、前置詞の後にも目的格の代名詞を続けます。

□ 1 彼女は彼の誕生日に時計を贈った。 ▶ him

□ 2 もう彼らに昼食を作りましたか。 ▶ them

□ 3 そのピアニストは私たちのために美しい歌を演奏した。 ▶ us

□ 4 彼はポーランド出身だと、私に言った。 ▶ me

□ 5 クッキーはいかがですか。今朝焼いたんですよ。 ▶ them

□ 6 マーティンさんは私たちに最善を尽くすようにと言った。 ▶ us

□ 7 守衛は、彼女が博物館に入るのを止めた。 ▶ her

□ 8 あなたたちは、彼女に車を貸してくれるように頼んだのですよね。 ▶ her, you

□ 9 ボールが近くに来たとき、彼女はそのボールを蹴り飛ばした。 ▶ her, it

ヒント 7 守衛：guard　9 ～を蹴り飛ばす：kick ～ away

繰り返し学習Check! ▶ 1 □ 2 □ 3 □ 4 □ 5 □

目的格の代名詞

単数			複数		
一人称	二人称	三人称	一人称	二人称	三人称
me	you	him, her, it	us	you	them

Track 60

1 She gave him a watch for his birthday.
She gave a watch to him for his birthday. と言い換えることができる。

2 Did you already make them lunch?
them が目的格。

3 The pianist played a beautiful song for us.
The pianist played us a beautiful song. と言い換えることも可能。

4 He told me (that) he was from Poland.
me が目的格。

5 Would you like some cookies? I baked them this morning.
前の文の目的格 some cookies を代名詞の目的格の them で受けている。

6 Mr. Martin told us to do our best.
us が目的格

7 The guard stopped her from entering the museum.
her が目的格。

8 You guys asked her to lend you her car, didn't you?
目的格になっているのは、asked の後にある her と、lend の後にある you。

9 When the ball came near her, she kicked it away.
目的格は、near の後にある her、そして kicked の後にある the ball の代名詞 it。

UNIT 61

「～のもの」を表す 所有代名詞

▶▶▶▶ 所有代名詞とは、mine（私のもの）、yours（あなたのもの）など、「～のもの」を表します。主語や目的語になります。

□ 1	これらの本は私のものです。	▶ mine
□ 2	私たちの犬は白色で、彼らの犬は茶色だ。	▶ theirs
□ 3	私は彼女にアドバイスをしたが、決定したのは彼女だった。	▶ hers
□ 4	この靴はあなたの、それともミカの？	▶ yours
□ 5	私の友人たちは最新のものを持っていて、彼らのものはカッコいい。	▶ theirs
□ 6	私たちの木の何本かが、その台風で吹き飛ばされた。	▶ ours
□ 7	あなたの私生活は、私たちには何の関係もない。	▶ ours
□ 8	先週、あなたの友達を見かけましたよ。	▶ yours
□ 9	それがあなたのものでないなら、誰のものなのですか。	▶ whose

ヒント **5** 最新の：latest　カッコいい：cool　**6** 吹き飛ばされる：get blown over
7 私生活：private life　関係：concern

英文法のルール

1 2 3 4 5
繰り返し学習Check! ▶ □□□□□

所有代名詞

単数			複数		
一人称	二人称	三人称	一人称	二人称	三人称
mine	yours	his, hers	ours	yours	theirs

Track 61

1 **These books are mine.**
mineは「私のもの」という意味。子供は好きな玩具などを取り合ってMine!と主張する。

2 **Our dog is white, and theirs is brown.**
theirsは「彼らのもの」という意味で、their dogの代わりに使われている。

3 **I gave her some advice, but the decision was hers.**
最後のhersが「彼女のもの」という意味で、her decisionの代わりをする。

4 **Are these shoes yours or Mika's?**
yoursはyour shoes、Mika'sはMika's shoesの代わりをする。

5 **My friends have the latest ones and theirs are cool.**
theirsは「彼らのもの」という意味。

6 **Some trees of ours got blown over in the typhoon.**
oursが「私たちのもの」という意味。blown＜blow

7 **Your private life is no concern of ours.**
oursは「私たちのもの」という意味。

8 **I saw a friend of yours last week.**
yoursが「あなたのもの」という意味。

9 **If it doesn't belong to you, whose is it?**
whoseは「誰の」という用法以外に「誰のもの」という意味でも使う。

UNIT
62

「〜自身」を表す
再帰代名詞

▶▶▶▶ 再帰代名詞とは、myself, yourself, themselvesなど、語尾にself (selves)が付き「〜自身」という意味を表す代名詞です。

□ 1 行って自分の目で確かめてください。 ▶ yourself

□ 2 その猫はいつも自分をなめている。 ▶ itself

□ 3 ジェーンはお客さんに、自由に食べたり飲んだりするようにと言った。 ▶ help themselves to

□ 4 宿題は一人ですべきだよ。 ▶ by yourself

□ 5 彼女は大学に通い始めたとき、一人暮らしをすることにした。 ▶ by herself

□ 6 私が行けずにがっかりされているでしょうが、私も残念なのです。 ▶ myself

□ 7 彼は自分で大盛りのスープを作った。 ▶ himself

□ 8 あなたたちだけでそのプロジェクトを完了させなくてはなりません。 ▶ by yourselves

□ 9 王子自身が、そのラジオ局に電話をかけたんだって！ ▶ himself

ヒント 4 宿題：homework　6 がっかりして：disappointed
7 大盛りの〜：a big bowl of 〜

繰り返し学習Check! ▶ 1 □ 2 □ 3 □ 4 □ 5 □

再帰代名詞

単数			複数		
一人称	二人称	三人称	一人称	二人称	三人称
myself	yourself	himself, herself, itself	ourselves	yourselves	themselves

Track 62

1 **Go and see for yourself.**

see for oneself（自分（の目）で確かめる）

2 **The cat always licks itself.**

itself = cat

3 **Jane told her guests to help themselves to food and drinks.**

help oneself to ～で「～を自由にどうぞ」の意味。

4 **You should do your homework by yourself.**

by oneselfにすると、「一人で」「独力で」という意味合いが強くなる。

5 **She decided to live by herself when she started going to college.**

by herselfで、「（彼女）一人で」という意味。

6 **I know you're disappointed that I can't go, but I'm disappointed myself.**

このmyselfはalso / too（～も）に近い意味合いで用いられている。

7 **He made himself a big bowl of soup.**

「自分に作ってあげた」という意味合いになる。

8 **You have to finish the project by yourselves.**

yourselfは2人以上の場合、yourselvesとなる。

9 **The prince himself called the radio station!**

himselfによって、princeが自ら電話をしたという珍しさを表している。

UNIT 63

「これ」「それ」「あれ」指示代名詞

▶▶▶▶ 指示代名詞は２種類４つでシンプルです。会話では単複の違いを意識して使いこなすようにしましょう。

□ **1** これは彼女の本です。 ▶ This

□ **2** こちらが父のトシノリです。 ▶ This

□ **3** このグラフは、討議中の問題例を示しています。 ▶ This

□ **4** ハルナです。サマンサ、いますか。 ▶ This

□ **5** (これらは)美味しいクッキーですね。 ▶ These

□ **6** それはどういう意味？ ▶ that

□ **7** あの人は首相だ。 ▶ That

□ **8** あの人たちは彼のボディーガードです。 ▶ Those

□ **9** 昨日見たあの映画はあまり面白くなかったね。 ▶ That

ヒント **7** 首相：prime minister　**9** 面白い：funny

繰り返し学習Check! ▶ 1 □ 2 □ 3 □ 4 □ 5 □

指示代名詞とは、心理的・時間的・空間的に近いものを指す場合はthis、その複数形がtheseで、遠いものは that、その複数形がthoseです。日本語では「これ」「それ」「あれ」と3段階で表現しますが、英語は2種類のみです。日本語の「これ」がthisで、「それ」「あれ」はthatと考えて大丈夫でしょう。

1 **This is her book.**

近いものをThisで示し、主語になっている。

2 **This is my father, Toshinori.**

人を紹介する場合にThis is ～を使う。

3 **This graph gives examples of the problem we are discussing.**

近いものを示し、graphを修飾している。

4 **This is Haruna. Can I speak with Samantha?**

電話で自分を名乗る場合の決まり文句。

5 **These are delicious cookies.**

クッキーが2つ以上あるので、This ではなくTheseが使われている。英語では主語を明確に述べる。

6 **What is that supposed to mean?**

話している相手が言ったことをthatで示し、どういう意味かと尋ねている。心理的に遠い。

7 **That is the prime minister.**

空間的に遠い所にいる人を指している。

8 **Those are his bodyguards.**

遠い所にいる複数の人たちを指している。

9 **That movie we watched last night wasn't very funny.**

昨夜のことなので、時間的に遠いためThatを用いている。

不特定のモノを表す 不定代名詞

▶▶▶▶ 不定代名詞というと難しそうですが、日常よく使うsomeやany、bothなどです。用法を意識して、会話の中でスムーズに使えるように練習しましょう。

□ 1 その土産物店には毎日数名の旅行者が立ち寄る。 ▶ Some

□ 2 生徒たちの何人かは、その活動が好きだった。 ▶ Some

□ 3 私は守れない約束はしません。 ▶ any

□ 4 夕食の準備は全部整っています。 ▶ Everything

□ 5 十人十色。 ▶ Everyone

□ 6 私が言いたいことは以上です。 ▶ all

□ 7 ミルクかお砂糖、それとも両方要りますか。 ▶ both

□ 8 私たちは誰も次にすべきことがわかりませんでした。 ▶ None

□ 9 どの子供も正装をしていた。 ▶ Each

ヒント 1 旅行者：tourist　2 活動：activity　9 正装する：dress formally

繰り返し学習Check! ▶ 1 □ 2 □ 3 □ 4 □ 5 □

英文法のルール

不定代名詞とは、不特定の人・モノ・数量を表す代名詞です。some / any（いくつか）、ひとまとめにして単数扱いをするeverything（すべて、全部）、また同じくひとまとめにして全体を表現するall（すべて、全部）、both（両方）などがよく使われる代表的なものです。

Track 64

1 **Some tourists stop at the gift shop every day.**
不特定多数の人をsomeで示している。

2 **Some of the students liked the activity.**
特定のグループ中の何名かを指す場合、of theが必要となる。

3 **I don't make any promises I can't keep.**
someと同じく「いくつか」という意味を持つanyは否定文や疑問文で使われる。

4 **Everything is ready for dinner.**
「すべて」を意味するeverythingは、単数扱いである点に注意。

5 **Everyone has their own tastes.**
直訳すると「皆自分の好みがある」。everyoneはeverythingと同じで単数扱いである。

6 **That's all I have to say.**
直訳すれば「私が言うべきことは、それで全部です」となる。

7 **Would you like milk or sugar or both?**
bothは「両方」。both A and Bは「AもBも」という意味になる。

8 **None of us knew what to do next.**
noneは「誰も（何も）～ない」という否定の意味を表す。

9 **Each of the kids dressed formally.**
eachは「それぞれ」を意味する。

UNIT 65

天気・時間・仮主語に使う 代名詞の it

▶▶▶▶ it は天候や時間のほか、仮主語にもなる代名詞です。日常会話でも必須なので、スムーズに使いこなせるように練習しておきましょう。

□ **1** もう始める時間ではないのですか。

□ **2** 誰か、今何時か知っていますか。

□ **3** 天気予報によれば、今日は雨が降るかもしれないよ。

□ **4** 空港へは約 1 時間かかります。

□ **5** あなたの番ですよ。

□ **6** ここは蒸し暑いですね。

□ **7** 暗くなって来た。帰らなくては。

□ **8** 宝くじに当たるって、どんな感じだろう。

□ **9** 野菜や果物をたくさん食べるのはとても健康に良い。

ヒント **5** 番：turn　**6** 蒸し暑い：stuffy

繰り返し学習Check! ▶ □□□□□ (1 2 3 4 5)

代名詞のitはふつう「それ」という訳を当てますが、天候や時間などの主語としてIt's cloudy today.（今日は曇りです）やIt's five thirty.（5時半です）などのように使われる場合には、「それ」と訳さない方が自然です。仮主語の例は、フレーズ4ではItがto get以下を、フレーズ9ではItがto eat以下を指しています。

Track 65

1 **Isn't it time to start yet?**

時間も形式的にIt's five thirty.（5時半です）のようにitを主語として使う。

2 **Does anyone know what time it is now?**

Does anyone know ～と先に疑問文がきたら、この例文のようなit isの語順になるので注意。

3 **The weather forecast said it might rain today.**

天気を言うときにItを主語として使う。

4 **It takes about one hour to get to the airport.**

It＝to get to the airport。it takes ～（～かかる）で覚えておきたい。

5 **It's your turn.**

このItも「それは」と訳さない方が自然。

6 **It's really stuffy in here.**

天気や温度もItを主語に表現する。

7 **It's getting dark. I should be going now.**

明暗もItを主語にして表現する。

8 **I wonder what it is like to win the lottery.**

what it is like to ～で「～するのはどのようなものか」という意味。

9 **It's really healthy to eat lots of vegetables and fruit.**

It＝to eat lots of ～。

UNIT 66

a/anを忘れずに 不定冠詞

▶▶▶▶ 不定冠詞のa (an)は会話では落としても通じますが、ネイティブスピーカーとの会話ではしっかりルールに則って話したいものです。

□ **1** いい本を読みましょう。

□ **2** きれいな女の人がポルシェを運転しているのを見たよ。

□ **3** ジェーンは体調が悪かったので、医者に行きました。

□ **4** 子供には、親の愛情が必要です。

□ **5** 友達が貴重なアドバイスをしてくれました。

□ **6** 1日に10キロ歩くようにしています。

□ **7** ノリスさんという方から電話がありました。

□ **8** 彼は約束を破るような人ではない。

□ **9** この薬を飲んだ後は、少なくとも1時間は運転をしないでください。

ヒント **8** 約束を破る：break one's word

繰り返し学習Check! ▶ 1 □ 2 □ 3 □ 4 □ 5 □

不定冠詞とは、a bookなどに見られるaのことです。「1つの」「ある」といった意味や、「～につき」「～の製品」「～という人」などの意味を持ちます。また母音（つづりではない）の発音の前ではanとなるので、しっかり区別しましょう。an hour、an honest manなどです。

Track 66

1 **Let's read a good book.**
たくさんある中の1冊を指しており、どの本であるかについては述べていない。

2 **I saw a beautiful woman driving a Porsche.**
一人の人、1台の車などにaを使う。「その車」と話題になっているときはtheを使う。

3 **Jane felt under the weather, so she went to see a doctor.**
under the weatherは「体調が悪い」の意味。see a doctorで「医者にかかる」。

4 **A kid needs parents' love.**
「子供というのは～」という意味合い。All children need parents' love.でも同様の意味。

5 **A friend of mine gave me an important piece of advice.**
importantの前はanになる。adviceは不可算名詞なので、（×）an adviceとは言えない。

6 **I've been trying to walk ten kilometers a day.**
このaは「（1日）につき」という意味を持ち、per dayとしても同じ。

7 **A Ms. Norris called you.**
このaは「～という（名前の）人」という意味で使われている。

8 **He's not a man to break his word.**
不定冠詞aには「～のような」というsuchに似た意味もある。

9 **Don't drive for at least an hour after taking this medicine.**
hourは[áuər]という発音なので、不定冠詞はanになる。

UNIT 67

名詞を限定する
定冠詞

▶▶▶▶ 定冠詞のtheは名詞を限定するだけでなく、習慣的にtheを付けるケースや最上級など、さまざまな用法があります。

□ 1 その塩を取ってください。

□ 2 スーパーに行きます。

□ 3 お隣のテッドのことを言っているのです。

□ 4 空があまりにも青くて、驚きました。

□ 5 あれは、今まで食べた中で一番美味しいイタリア料理でした。

□ 6 私たちは英国からカナダ経由でアメリカに飛んだ。

□ 7 ヤマダさん一家は、次の休暇をアルプス(山脈)で過ごすそうだ。

□ 8 この社会では、高齢者と貧しい人がどんどん住みにくくなっています。

□ 9 彼が作ったサンドイッチはとても大きかった。

ヒント 4 驚いて：amazed　6 ～経由で：via　9 とても大きい：huge

1 2 3 4 5
繰り返し学習Check! ▶ □□□□□

定冠詞とは、不定冠詞とは逆に限定する役割を持つtheのことです。日本語で「この」「あの」「その」に対応すると言えますが、話題になっている物事で話者たちが了解している名詞にはtheを付けます。また、川や山脈、一部の国など、習慣的にtheを付けるものがあります。他にも最上級など、いくつかの用法があります。

Track 67

1 **Please pass the salt.**

テーブルにある塩で、一緒に座っている人たちにはどの塩かわかるのでtheを使う。

2 **I'm going to the supermarket.**

いつも利用しているスーパーなので、theで限定している。

3 **I'm talking about the Ted next door.**

「あの」テッドのことだよ、と限定している。

4 **I was amazed at how blue the sky was.**

the earth、the sun、the horizon、そしてthe Dalai Lamaなど、1つしかないものにはtheを付ける。

5 **That was the most delicious Italian food I've ever eaten.**

「最も〜である」という最上級を表現する場合には、the most 〜のようにtheを付ける。

6 **We flew from the United Kingdom to the United States via Canada.**

複数形の連邦国家や群島などにはtheが付く。the Philippines（フィリピン［諸島］）

7 **The Yamadas are taking their next vacation in the Alps.**

「〜家」や山脈も「the＋複数形」。the Amazon (River)、the Saharaなど川や砂漠も。

8 **It's getting hard for the elderly and the poor to live in this society.**

「the＋形容詞」で「〜な人たち」という表現。

9 **The sandwich he made was huge.**

sandwichにtheが付いているのは「彼が作った」で限定されているから。

Column 8

数えられる名詞と数えられない名詞

数えられる名詞（可算名詞）は、bookやcar、houseなど、私たちの身の回りにあるモノなどがほとんどそうです。これに対して、数えられない名詞（不可算名詞）は、知識や愛情など抽象的なもの、雨や雪などのように性質上1つ、2つと数えることが不可能なものなどです。

不可算名詞には不定冠詞のaや複数のsを付けないので、例えば「なんていい天気なんだ！」ならWhat good weather!と言います。「いい知らせがあるんだよ」ならI have good news.のようになり、うっかりa good news（×）と言わないようにしましょう。ただし、いい知らせが「1つ」あると言いたいのであれば、I have a piece of good news.のように言うことができます。

また不可算名詞でも、I have a (little) knowledge about Japanese history.（日本の歴史を少しだけ知っている）のような使い方もあります。

辞書には、数えられる名詞はC (= Countable)、数えられない名詞はU (= Uncountable) と表記されています。

☞ UNIT 66参照

第9章

会話できる
接続詞・前置詞

「接続詞」は会話でよく使うものに絞って練習します。「前置詞」は話すとなると、意外に間違ってしまうものです。基本的なものをしっかり練習しましょう。

Track 68 ▶▶ Track 73

UNIT 68

対等な関係でつなぐ
等位接続詞

▶▶▶▶ 会話のロジックを明確にするには接続詞を使いこなすことは欠かせません。まず等位接続詞から練習しましょう。

□ 1	じゃあ、まずは問題1と5をやってみましょう。	▶ and
□ 2	あなたは食べる量を減らし、もっと運動すべきです。	▶ and
□ 3	何が起こるか、待って見てみよう。	▶ and
□ 4	アンはパーティーに行きますが、私は行きません。	▶ but
□ 5	行きたかったのですが、忙しすぎました。	▶ but
□ 6	すみません、この車両は女性専用ですよ。	▶ but
□ 7	ジュースか何か要りませんか。	▶ or something
□ 8	彼女に最後に会ってから、1週間ほどになる。	▶ or so
□ 9	外食をしたいですか、それともここで食べたいですか。	▶ or

繰り返し学習Check! ▶ □□□□□ 1 2 3 4 5

接続詞の中で、andやbut、orなど、対等な関係にある語・句・節・文を結びつけるものを等位接続詞と呼びます。呼称は特に覚えておく必要はありませんが、きちんと使えることは重要です。例えば、andは「そして」「～と」という意味で前後を結びつけ、butは「しかし」「だが」という意味で基本的に対立的な内容を並べます。

Track 68

1 **OK, let's do questions number one and five, first.**

oneとfiveを結びつけている。

2 **You should eat less and do more exercise.**

eat lessとdo more exerciseという2つの文をつないでいる。

3 **Let's wait and see what happens.**

wait（待つ）、それからsee（見る）という前後関係を示す。

4 **Ann's going to the party, but I'm not.**

アンは行く、私は行かないという、対立的な情報を結びつける。

5 **I wanted to go, but I was too busy.**

このbutは行けなかった理由を示している。

6 **Excuse me, but this car is for women only.**

Excuse meやI'm sorry等の後に、軽い逆接のbutを置いて情報を伝える。

7 **Would you like juice or something?**

or somethingは、今言ったものに近いものという意味合いで使われる。

8 **It's been a week or so since I met her last.**

a week or soで「約1週間」という意味になる。

9 **Would you like to go out for dinner, or would you rather eat here?**

外食か、ここで食べるかという選択を促す。

UNIT 69

主従の関係でつなぐ
従位接続詞

▶▶▶▶ 2つの文を主従の関係を示して結びつける従位（従属）接続詞を練習しましょう。thatをはじめ、because、if、when、sinceなどがあります。

□ 1 私は君が正しいと思う。 ▶ that

□ 2 彼は無罪だとわかった。 ▶ that

□ 3 ナディアは、君も来ることを知っていますよ。 ▶ that

□ 4 リーに散歩に行きたいかどうか聞いてみます。 ▶ if

□ 5 子供の頃、ブロッコリーが食べられなかった。 ▶ when

□ 6 私たちは幼い頃からずっと友達です。 ▶ since

□ 7 雨なら、家でビデオを見よう。 ▶ If ～

□ 8 緊急でなければ、夜遅く電話しないでください。 ▶ Unless ～

□ 9 来週の土曜日は仕事なので行けません。 ▶ because

ヒント 2 無罪の：innocent　5 ブロッコリー：broccoli　8 緊急で：urgent
9 行けない：can't make it

繰り返し学習Check! ▶ 1 □ 2 □ 3 □ 4 □ 5 □

英文法のルール

主節に従位（従属）節を結びつける接続詞を従位（従属）接続詞と呼びます。例えば、I'll have a look if it's sold cheaper.（もっと安いところがないか、見てみるよ）という文の場合、I'll have a lookが主節、if it's sold cheaperが従属している節になり、if（～かどうか）で結びつけられているわけです。

Track 69

1 **I think that you are right.**
このthatは会話では省略されることがある。

2 **It turned out that he was innocent.**
that以下の名詞節はturned outの目的語になっている。

3 **Nadia knows that you are also coming.**
このthatは会話では省略されることがある。

4 **I'll ask Lee if he wants to go for a walk.**
ifの代わりに、whether (or not) he wants to ～とも言える。

5 **I couldn't eat broccoli when I was a child.**
whenは時を表す副詞節を導く。

6 **We've been friends since we were small children.**
sinceは現在完了でよく用いられる。

7 **If it rains, we'll stay home and watch videos.**
「もし～なら」「～だとすれば」といった意味を表現するif。

8 **Unless it's urgent, don't call me late at night.**
unless＝if notなので、この文はIf it's not urgent, don't call ～としても同じ。

9 **I can't make it because I have to work next Saturday.**
becauseは理由を表す。

UNIT 70

イディオムのように使う
接続詞の重要表現

▶▶▶▶ イディオムのように使われる接続詞の重要表現をマスターしましょう。どれも会話でもよく使うものばかりです。

□ 1	テッドも奥さんも、ジョギングを楽しんでいる。	▶ Both A and B ～
□ 2	私たちはロンドンかパリのどちらかに行けます。	▶ either A or B
□ 3	彼も私も、その質問の答えがわからなかった。	▶ Neither A nor B ～
□ 4	彼女は女優としてではなく、慈善家としてよく知られている。	▶ not A but B
□ 5	彼は小説家としてだけではなく冒険家としても知られている。	▶ not only A but also B
□ 6	忘れてはいけないので、書き留めておきなさい。	▶ in case
□ 7	忘れていたら思い出させてください。	▶ in case
□ 8	このプロジェクトが終わり次第、訪ねます。	▶ As soon as ～
□ 9	あなたがどう思おうと、私は彼と離婚します。	▶ No matter what ～

ヒント 4 慈善家：philanthropist　5 小説家：novelist　冒険家：adventurer
6 ～を書き留める：jot ～ down　7 思い出させる：remind　9 離婚する：divorce

英文法のルール

繰り返し学習Check! ▶ 1□ 2□ 3□ 4□ 5□

接続詞のイディオムで代表的なものはnot only A but also B（Aばかりでなく、Bも）で、覚えている人も多いでしょう。こういった相関表現を知っておくと、会話の組み立てが多彩にできるようになります。both A and B（AもBも）、not A but B（AではなくB）、as soon as（～するとすぐに）なども会話でよく使います。

Track 70

1 **Both Ted and his wife enjoy jogging.**
both A and B（AもBも）

2 **We could go to either London or Paris.**
either A or B（AまたはB）

3 **Neither he nor I knew the answer to the question.**
neither A nor B（AもBも～ない）

4 **She is well known not as an actress but as a philanthropist.**
not A but B（AではなくB）

5 **He is known as not only a novelist but also an adventurer.**
not only A but also B（AだけではなくBも）

6 **Jot it down in case you forget it.**
in case（～の場合を考えて、～してはいけないので）

7 **Remind me in case I forget.**
in caseは、if（もし～なら）の意味でも使われる。

8 **As soon as I finish this project, I'll visit you.**
as soon as（～するとすぐに）

9 **No matter what you think, I'll divorce him.**
no matter what＝whatever（たとえ～であろうと）

使い方に慣れよう
前置詞の基本

▶▶▶▶ 前置詞はなにげなく使ってしまいがちですが、用法をしっかり覚えておくと正確な、英語らしい表現ができます。まず常用の前置詞を練習しましょう。

□ 1 彼はロンドン生まれです。 ▷in

□ 2 その会議は９月に行われます。 ▷in

□ 3 それは2008年１月５日に起こりました。 ▷on

□ 4 空港で３時にお目にかかります。 ▷at, at

□ 5 数枚の絵が壁に掛けられていました。 ▷on

□ 6 これを日本に送りたいのですが。 ▷to

□ 7 これを金曜日までに終了できますか。 ▷by

□ 8 あなたのオフィスは駅から遠いですか。 ▷from

□ 9 その机はきれいな布で覆われていた。 ▷with

ヒント 9 布：cloth

英文法のルール

繰り返し学習Check! ▶ 1 □ 2 □ 3 □ 4 □ 5 □

前置詞は奥が深く難しい反面、in May（5月に）、in Japan（日本で）、at five o'clock（5時に）、work for / at ～（～で働く）、on the desk（机の上に）、on the wall（壁に）など、決まった名詞との組み合わせで使うものもたくさんあります。まずはこれら基本の用例を正確に覚えてしまうことが大切です。

Track 71

1 **He was born in London.**

地名には一般にinを使う。I live in Tokyo.（東京に住んでいます）

2 **The meeting will be held in September.**

月にはinを使う。

3 **It happened on January 5th, 2008.**

日にはonを使う。年代だけの場合はin 2008のようにinを使う。

4 **I'll see you at the airport at three o'clock.**

場所の中でも狭い地点を表す場合はatを使う。時刻もat。

5 **Some pictures were on the wall.**

onは何かが接触している場合に使う。

6 **I'd like to send this to Japan.**

toは「～へ（向かって）」と方向を表す。

7 **Can you finish this by Friday?**

by = not [no] later than（～までに）

8 **Is your office far from the station?**

fromは場所・時の起点を表す。

9 **The desk was covered with a beautiful cloth.**

be covered with（～で覆われている）

UNIT 72

「位置関係」「方向」「動き」を表す前置詞

▶▶▶▶ 位置関係や方向、動きなどを表す、少し応用的な前置詞をマスターしましょう。会話でも意外に使えるものが多いです。

□ **1** 長い橋がその川にかかっている。 ▶ over

□ **2** ソファの下に何かあるよ。 ▶ under

□ **3** 私はジェレミーが通りを横切り、ナオミの方に駆けていくのを見た。 ▶ across

□ **4** そのホテルは太平洋に面しています。 ▶ toward

□ **5** そのトンネルを通り抜けるのが近道です。 ▶ through

□ **6** 裏庭の周囲にフェンスを作ってはどうですか。 ▶ around

□ **7** その建物の中で待っていてくれますか。 ▶ inside

□ **8** あのときは詳しく話しませんでした。 ▶ into

□ **9** 昨日、あなたの町を車で通り過ぎました。 ▶ past

ヒント **4** 面する：face　**5** 近道：shortcut　**6** 裏庭：backyard

繰り返し学習Check! ▶ 1 □ 2 □ 3 □ 4 □ 5 □

位置関係・方向・動きを表す前置詞は、句や短い文で覚えるとイメージがつかみやすくなります。例えばacrossは「～を横切って」と単語だけで覚えるより、go across the road（道路を横切る）という句とともに、人が横切っている絵（イメージ）を思い浮かべて頭に入れておくと、会話ですぐに出てくるようになります。

Track 72

1 **The long bridge is over the river.**

❗ overは何かの上方にあるものを表現する。

2 **There's something under the sofa.**

❗ underはoverの逆で、下方にあるものを表現する。

3 **I watched Jeremy run across the street to Naomi.**

❗ acrossは、平面的なものを横切る様子を表現する。

4 **The hotel faces toward the Pacific Ocean.**

❗ towardは「～の方へ」を表現する。

5 **Passing through the tunnel is a shortcut.**

❗ throughはどこかを通る、通り抜ける場合に使う。

6 **Why don't you put a fence around the backyard?**

❗ aroundは何かの周囲を表す場合に使う。「おおよそ～、約～」の意味もある。

7 **Can you wait for me inside the building?**

❗ insideは「～の内側で」を表現し、反対はoutside（～の外側で）。

8 **I didn't go into details at that time.**

❗ intoは「～の中へ」「～について」などを表現する。

9 **We drove past your town yesterday.**

❗ pastはどこかを過ぎることを表現する。

UNIT 73

前置詞のイディオムと句動詞

▶▶▶▶ 前置詞のイディオムと句動詞はたくさんあります。ここでは、よく使われるものに絞って会話フレーズで練習しましょう。

□ 1	その問題をどのようにして乗り越えたのですか。	▶ get over
□ 2	ヒーターをつけてもいいですか。	▶ turn on
□ 3	母親に何かすてきなものを探しているんです。	▶ look for
□ 4	旅行の間、私の猫を世話してくれてありがとう。	▶ look after
□ 5	私に八つ当たりしないでください。	▶ take it out on
□ 6	それはあなた次第です。	▶ up to
□ 7	お風呂につからず、シャワーだけにした。	▶ instead of
□ 8	事故のため、授業に間に合いませんでした。	▶ because of
□ 9	今、向かっています。	▶ on the way

ヒント 8 間に合わない：miss

英文法のルール

繰り返し学習Check! ▶ 1 □ 2 □ 3 □ 4 □ 5 □

「動詞＋前置詞」の句動詞は日本人が覚えるのを苦手とするものです。実は句動詞は、日本語訳を当てて覚えるより、動詞と前置詞がそれぞれに持っているイメージを基にして覚えるほうが効果的です。また、フレーズの中に組み込んでフレーズごと身につけると応用力がつきます。

Track 73

1 **How did you get over the problem?**

get over（[困難や病気などを] 乗り越える）

2 **Can I turn on the heater?**

turn on（～をつける、～に夢中になる、～次第である）

3 **I'm looking for something nice for my mother.**

買い物客がよく使う。look for（～を探す）

4 **Thank you for looking after my cat during my trip.**

look after（～の面倒を見る）

5 **Don't take it out on me.**

take it out on（～に八つ当たりする）

6 **It's up to you.**

up to（～次第で、～しようとして、～を企んで）

7 **I took a shower instead of a bath.**

instead of（～の代わりに、～ではなく）

8 **I missed the class because of the accident.**

because of（～のため、～が原因で）

9 **I'm on the way.**

on the (one's) way（途中で）。in the (one's) wayなら「～のじゃまになって」。

Column 9

会話でよく使う前置詞

基本的な前置詞にはさまざまな用法があります。9つの前置詞の主要な用法を整理しておきましょう。

at	場所（～に；～で） 時の1点（～に；～で） 値段；速度（～で） 従事（～に従事して） 状況（～で）
in	場所の内部（～に） 分野・限定（～に関して） 服装（～を身につけて） 時間（～に） 時の経過（～経てば） 状態（～の状態で） 従事（～に従事して）
on	接触（～の上に） 特定の時（～に） 根拠（～に基づいて）
by	手段・理由（～によって） 動作主（～によって） 場所（～の近くに） 通過（～を通って） 期限（～までに）
for	目的（～の目的で） 方向（～に向かって） 対象（～に対して） 賛意（～に賛成して） 利益（～のために） 交換（～と交換して）
from	時間・空間の起点（～から） 分離（～から離れて） 起源・出所（～から） 防止（～しないように）
of	所有（～の） 分離（～から離れて） 起源・出所（～から）
to	方向（～へ；～まで） 動作の対象（～に対して） 一致（～に合わせて；～に応じて）
with	同伴・所有（～とともに） 所有（～を持って） 手段・道具（～を用いて） 付帯状況（～した状態で）

☞ UNIT 71参照

第10章

会話できる構文

「譲歩」「倒置」「省略」「強調構文」「使役」など、応用的な表現をまとめて紹介します。簡単なフレーズに乗せて話してみましょう。

Track 74 ▸▸ Track 80

UNIT 74

「〜ではあるが」「たとえ〜でも」譲歩構文

▶▶▶▶ 譲歩のニュアンスを表す場面は会話でもよくあります。譲歩構文のパターンをシンプルな会話フレーズで練習してみましょう。

□ 1 若いとはいえ、彼はとても思慮深い。 ▶形容詞 as 〜

□ 2 暗かったが、裏庭で鍵を見つけた。 ▶形容詞 as 〜

□ 3 どんなに一生懸命頑張っても、彼は名前を全部は覚えられなかった。 ▶No matter how 〜

□ 4 あなたが何と言おうと、私はこれをします。 ▶Whatever 〜

□ 5 あなたがどこへ行こうと、私はついていきます。 ▶Wherever 〜

□ 6 彼がそのプランを好きだとしても、それはうまくいかないでしょう。 ▶Even if 〜

□ 7 祖父は90歳ですが、引退する予定はありません。 ▶even though 〜

□ 8 彼らは最高とまでは言えないかもしれませんが、この学校ではとても優秀な子供です。 ▶〜, if not 〜

□ 9 彼が成功していようがいまいが、尊敬しています。 ▶Whether 〜 or 〜

ヒント 1 思慮深い：thoughtful　3 覚える：memorize　7 引退する：retire
9 尊敬する：respect

1 2 3 4 5
繰り返し学習Check! ▶ □□□□□

英文法のルール

譲歩構文とは、「～ではあるが、…だ」「たとえ～でも、…だ」など譲歩の意味を表現するものです。「形容詞・副詞 as S＋V」「No matter how [what / when / where] S＋V」「However [Whatever / Whenever / Wherever] S＋V」などの形を用います。他にもeven if [though]などでも譲歩の意味を表せます。

Track 74

1 **Young as he is, he's very thoughtful.**
Although he is young ～と同意。

2 **Dark as it was, we found the key in the backyard.**
Although it was dark ～と同意。

3 **No matter how hard he tried, he couldn't memorize all the names.**
However hard he tried ～と同意。

4 **Whatever you may say, I will do this.**
No matter what you may say ～と同意。

5 **Wherever you go, I will follow you.**
No matter where you go ～と同意。

6 **Even if he likes the plan, it won't work well.**
even if ～（たとえ～でも）

7 **My grandfather has no plans to retire even though he's ninety.**
even though（～ではあるが）

8 **They are great, if not the best kids in this school.**
A, if not B（Bとは言わないまでもA）

9 **Whether he is successful or not, I still respect him.**
whether A or B（Aであっても、Bであっても）

UNIT 75

会話でよく使う
倒置・省略

▶▶▶▶ 会話では倒置や省略の形が使われることがあります。倒置は応答文で、省略は定番表現で練習しましょう。

□ 1 「私は夜更かしをします」「私もです」 ▶ So ～

□ 2 「毎朝ジョギングをします」「私もです」 ▶ So ～

□ 3 「その映画を見ました」「私もです」 ▶ So ～

□ 4 「そのセミナーに参加したくありません」「私もです」 ▶ Neither ～

□ 5 「あなたが来るとは思わなかったです」「私もです」 ▶ Neither ～

□ 6 久しぶりですね。 ▶ Long time ～

□ 7 了解。 ▶ Got ～

□ 8 私は準備万端です。 ▶ Ready ～

□ 9 必要なら、持っていきなさい。 ▶ ～ if necessary

ヒント 1 夜更かし（する人）：night owl

1 2 3 4 5
繰り返し学習Check! ▶ □□□□□

会話では相手の発言を倒置構文で受けることがあります。肯定文を受けるときはSo do I.（私もです）、否定文を受けるときはNeither am I.（私も～ないです）などと倒置の形で答えます。doやamは相手が使った動詞に合わせます。省略形はSee you later.（またね）が代表例で、これはI'll see you later.が省略されたものです。

Track 75

1 **I'm a night owl.** ▶ **So am I.**
相手の言ったことに対し、自分もそうですと同意する場合。

2 **I jog every morning.** ▶ **So do I.**
相手の jogの代わりにdoが使われている。

3 **I've seen that movie.** ▶ **So have I.**
相手のhave seenの代わりに、haveが使われている。

4 **I don't want to attend that seminar.** ▶ **Neither do I.**
否定の場合はNeitherを文頭に出す。

5 **I didn't expect you to be here.** ▶ **Neither did I.**
Me neither.という答え方も可能。

6 **Long time no see.**
I haven't seen you for a long time.の省略形。

7 **Got it.**
I got it.の省略形。Got it?と語尾を上げると「わかった？」という質問になる。

8 **Ready when you are.**
I'm ready when you are (ready).（あなたが準備できたら、私はいつでも大丈夫）の省略形。

9 **Take it if necessary.**
Take it if it's necessary.の省略形。

UNIT 76

モノ・コトが主語になる
無生物主語

▶▶▶▶ 人や生物以外の語句が主語になる「無生物主語」の構文は英語で好まれます。会話でもよく使うので、短いフレーズで練習しましょう。

□ 1	なぜそのように思ったのですか。	▶ What ～
□ 2	その知らせに、私たちはわくわくした。	▶ The news ～
□ 3	今年は彼らが結婚して10年目になる。	▶ This year ～
□ 4	1945年に第二次世界大戦が終わった。	▶ 1945 ～
□ 5	駅まで徒歩５分です。	▶ A five-minute walk ～
□ 6	この小道を行けば、私の家に着きます。	▶ This path ～
□ 7	このパンフレットにはさらに多くの選択肢が載っています。	▶ This brochure ～
□ 8	その写真を見ると、子供時代を思い出します。	▶ That picture ～
□ 9	そのドアはなかなか開かないのです。	▶ The door ～

ヒント 2 わくわくした：excited　3 ～目（記念日）：anniversary　7 選択肢：option
8 子供時代：childhood

英文法のルール

繰り返し学習Check! ▶ 1 □ 2 □ 3 □ 4 □ 5 □

無生物主語は、例えばThe heavy snow caused delays in public transportations.（その大雪で公共交通機関に遅れが出た）のように、大雪という「人や生物以外のもの」が主語になる文のことです。「交通機関に遅れを生じさせた」というように、無生物主語が人や状況に何かを及ぼすという表現です。

Track 76

1 What **made you think that way?**

Why did you think that way? と同意。

2 The news **made us excited.**

We got excited because of the news. と同意。

3 This year **will mark the 10th anniversary of their marriage.**

markの動詞には「～を記念する」という意味がある。

4 1945 **saw the end of the Second World War.**

ある年に何かが起こったというのを、「その年が見た」と表現する。

5 A five-minute walk **brings you to the station.**

「5分の徒歩が駅へあなたを連れて行く」が直訳。

6 This path **will lead you to my house.**

If you take this path, you'll get to my house. と同意。

7 This brochure **tells you more options.**

「このパンフレットがさらに多くの選択肢を告げるでしょう」が直訳。

8 That picture **reminds me of our childhood.**

remindは「～を思い出させる」という意味で、名詞はreminder（思い出させるもの）。

9 The door **will not open.**

「無生物主語＋will＋否定」で、「どうしても～しない」という意味合い。

第10章 会話できる構文

UNIT 77

言いたいことを強く言う
強調構文

自分が言いたいことを強く言うときに使うのが強調構文です。It is ～ thatの構文と助動詞で強調する用法を練習しましょう。

□ 1 悪いのはあなたです。 ▶It is ～ who [that] ...

□ 2 私にご用でしょうか。 ▶Is it ～ that ...

□ 3 彼が送ってきたのはこのバッグです。 ▶It is ～ that ...

□ 4 彼女に会ったのは昨日です。 ▶It was ～ that ...

□ 5 あの美味しいケーキを食べたのはこの店です。 ▶It was ～ that ...

□ 6 あなたがそこで会ったのが、ダイアナの旦那さんですよ。 ▶It was ～ who [whom] ...

□ 7 はい、確かに私が彼にそれを言いました。それが何か？ ▶did

□ 8 私は12歳になるまで、英語を習ったことはなかった。 ▶It was not until ～ that ...

□ 9 そんなことを、ヒロシに言ったのは誰ですか。 ▶Who was it that ～

ヒント 1 非難する、責める：blame

1 2 3 4 5
繰り返し学習Check! ▶ □□□□□

強調によく使うのが、It is ～ that [who]の構文です。You said so.（あなたはそう言った）の代わりに、It was you that [who] said so.（そう言ったのはあなただ）とすれば、youを強調できます。また、I said so.（私はそう言いました）の代わりに、I did say so.（私は確かにそう言いました）とdidを入れても強調できます。

Track 77

1 **It is you who [that] are to blame.**

You are to blame.が普通の形。

2 **Is it me that you want?**

thatは省略されることがよくある。

3 **It is this bag that he sent me.**

bagを強調。

4 **It was yesterday that I met her.**

yesterday（副詞）を強調。

5 **It was at this shop that I had the delicious cake.**

at this shopを強調。

6 **It was Diana's husband who [whom] you met there.**

Diana's husbandを強調。

7 **Yes, I did tell him that. So what?**

動詞tellを強調しているのは助動詞did。doは時制によって変化させる。

8 **It was not until I was twelve that I started learning English.**

I didn't learn English until I was twelve.と同意。

9 **Who was it that said such a thing to Hiroshi?**

疑問詞whoを強調。

UNIT 78

身体の感覚を表現する
知覚・感覚動詞

▶▶▶▶ 知覚・感覚動詞は決まったパターンでよく使われます。動詞を意識して練習してみましょう。

□ 1	人があなたのことを勤勉だと言っているのをよく聞きます。	▶ hear
□ 2	私たちは、中国人のグループがホテルに到着するのを見た。	▶ saw
□ 3	自分の肩のあたりで、何かが動いているのを感じました。	▶ felt
□ 4	私たちは、私たちの犬がボールを追いかけるのを見た。	▶ watched
□ 5	私は彼が部屋に入ってくるのに気がついた。	▶ noticed
□ 6	彼らはクレアが一人で密かに泣いているのを見た。	▶ found
□ 7	子供たちが学校であったことを話すのを聞くのが好きです。	▶ listening to
□ 8	何か焦げるにおいがしませんか。	▶ smell
□ 9	すべての人が仲良く暮らしていると想像してごらん。	▶ Imagine ～

ヒント 4 追いかける：chase　6 密かに：quietly　泣く：weep　8 焦げる：burn
9 仲良く：harmoniously

1 2 3 4 5
繰り返し学習Check! ▶ □□□□□

知覚・感覚動詞とは、see, hear, feel, watch, noticeなど、身体の感覚に関連する動詞で、「～が…するのを見る（聞く）」などの表現をつくります。I hear birds sing(ing).なら、知覚・感覚動詞の後にくる「birds（鳥）が歌うのを聞く」ということです。知覚・感覚動詞の目的語の後には、原形不定詞や現在分詞がきます。

Track 78

1 **I often hear people say that you are a hard worker.**
「hear＋人・モノ＋do(ing)」（人・モノが～する［している］のを聞く）

2 **We saw a group of Chinese arrive at the hotel.**
「see＋人・モノ＋do(ing)」（人・モノが～する［している］のを見る）

3 **I felt something moving around my shoulder.**
「feel＋人・モノ＋do(ing)」（人・モノが～する［している］のを感じる）

4 **We watched our dog chase the ball.**
「watch＋人・モノ＋do(ing)」（人・モノが～する［している］のを見る）

5 **I noticed him coming into the room.**
「notice＋人・モノ＋do(ing)」（人・モノが～する［している］のに気づく）

6 **They found Claire quietly weeping alone.**
「find＋人・モノ＋doing」（人・モノが～しているのを見つける・知る）

7 **I like listening to my kids talk about what happened at school.**
「listen to＋人＋do」（人が～するのを聞く）。hearより意識を傾けて聞く。

8 **Can't you smell something burning?**
「smell＋モノ＋doing」（モノが～しているにおいがする）

9 **Imagine all the people living harmoniously.**
「imagine＋人＋doing」（人が～していることを想像する）

UNIT 79

「～させる」を表す

使役・強制

▶▶▶▶ 使役表現は使う動詞によってニュアンスが異なります。動詞を意識しながら練習してみましょう。

□ 1 私は弟をそこへ行かせました。 ▶ made

□ 2 音楽はいつも私を幸せな気持ちにさせる。 ▶ make(s)

□ 3 英語で通じましたか。 ▶ make

□ 4 いつ髪を切ってもらったのですか。 ▶ have

□ 5 上司には木村さんから報告してもらいました。 ▶ had

□ 6 私たちは配管工にそのパイプを直してもらった。 ▶ got ～ to

□ 7 私はエッセーを訂正してもらった。 ▶ got

□ 8 スケジュールを知らせてくださいね。 ▶ Let ～

□ 9 父は私が外泊することを許さないでしょう。 ▶ let

ヒント 6 配管工：plumber　直す：fix　7 訂正する：correct

1 2 3 4 5
繰り返し学習Check! ▶ □□□□□

使役動詞は「～させる」という意味を持つもので、make, have, get, letなどが代表的なものです。この中でletは「本人が望んでいることをさせる」という意味で、makeなどの「強制的に望んでいないことをさせる」という意味とずいぶんニュアンスが異なります。動詞の選択には気をつけましょう。

Track 79

1 **I made my brother go there.**
「make＋人＋動詞の原形」（人に～させる）

2 **Music always makes me happy.**
「make＋人＋形容詞」（人を～にさせる）

3 **Did you make yourself understood in English?**
「make＋人＋過去分詞」（人を～させる）。「あなた自身を英語で理解させたか」が直訳。

4 **When did you have your hair cut?**
「have＋モノ＋過去分詞」（モノを～してもらう）

5 **We had Mr. Kimura report to the boss.**
「have＋人＋動詞の原形」（人に～させる（してもらう））

6 **We got a plumber to fix the pipe.**
「get＋人＋to不定詞」（人に～してもらう）

7 **I got my essay corrected.**
「get＋モノ＋過去分詞」（モノを～してもらう）

8 **Let us know your schedule.**
「let＋人＋動詞の原形」（人に［その人が望んでいることを］～させる）。次も同じ。

9 **My father wouldn't let me stay out overnight.**

UNIT 80

人の話を伝える
話法

▶▶▶▶ 人の言ったことを伝えるのが話法です。2つの話法があるので、どちらも使いこなせるようにしておきましょう。

□ 1 彼は「君たちの犬の面倒を見るよ」と言ってくれました。 ▶said

□ 2 彼は、今夜私に会いにくると言っていました。 ▶said that

□ 3 彼女は彼に「今日はすてきですね」と言いました。 ▶said

□ 4 彼女は彼に、その日彼がすてきだと言いました。 ▶told ～ that

□ 5 母はいつも忙しいと言っています。 ▶says that

□ 6 彼は私に「ドアを開けておいて」と言った。 ▶said

□ 7 彼女は外食をしてもいいか私に尋ねた。 ▶asked ～ if [whether]

□ 8 デイヴィッドは「なんてラッキーなんだ！」と言った。 ▶said

□ 9 私の両親は否定的に答えた。 ▶answered

ヒント 1 面倒を見る：take care of　9 否定的に：in the negative

英文法のルール

繰り返し学習Check! ▶ 1 □ 2 □ 3 □ 4 □ 5 □

話法とは人が言った内容を伝える表現で、「直接話法」と「間接話法」があります。直接話法はHe said, "I love Melinda."のようにsayを用い、誰かが言ったことをそのまま" "を使って伝えます。間接話法は、He said that he loved Melinda.のようにthat節で話の内容を伝えます。間接話法は時制の一致に注意が必要です。

Track 80

1 **He said, "I will take care of your dog."**

彼が言った内容をそのまま伝えている。

2 **He said that he'd come and see me tonight.**

saidの時制に合わせて、that節のwillがwould('d)になっている。

3 **She said to him, "You look nice today."**

4 **She told him that he looked nice that day.**

フレーズ3の直接話法のtodayが、時制の一致で間接話法ではthat dayとなる。

5 **My mother always says that she's busy.**

現在時制の場合は、間接話法もそのまま現在形。

6 **He said to me, "Leave the door open."**

間接話法にするとHe asked me to leave the door open.

7 **She asked me if [whether] she could go out for dinner.**

直接話法はShe said to me, "Can I go out for dinner?"

8 **David said, "How lucky I am!"**

間接話法はDavid said that he was very lucky.

9 **My parents answered in the negative.**

My parents said, "No."が直接話法。Yesだったら～ answered in the affirmative.

Column 10

倒置構文の使い方

倒置構文はbe動詞や助動詞が主語の前に出る形の文で、例えばI've never felt happier.（最高に気分がいい）→ Never have I felt happier.が代表例です。ここでは否定辞のneverを前に出して「(今ほど気分がいいことは) なかった」と強調しているわけです。

フォーマルでライティングに使用されることが多いのですが、会話で使われる場合もあるのでパターンを覚えておきましょう。

Never have I felt excited.
（こんなにわくわくしたことはない）

＊I have never felt excited.のneverが文頭に出た。

Under no circumstances would he complain about his job.
（どのような状態でも、彼は自分の仕事について不満を言わないだろう）

＊under no circumstancesが前に出た。

Were I you, I would take his advice.
（私があなただったら、彼のアドバイスを聞きます）

＊If I were you ...のifが省略されて、wereが文頭に出た。

Had I known he was in trouble, I could've done something to help him.
（彼が困っていると知っていたら、何か手伝えたかもしれなかったのに）

＊If I had known ...のifが省略されて、hadが文頭に出た。

☞ UNIT 75参照

文法項目チェックリスト

本編で練習した文法項目を代表的な例文と一緒に一覧にしました。知識の確認に利用してください。苦手な項目は本編に戻ってしっかり練習しましょう。

第1章　会話できる5文型

□ 第1文型　▶ p.14

I'll pay for it.（私が払います）

S　V

□ 第2文型　▶ p.16

You look nice!（かっこいいですよ）

S　V　C

□ 第3文型　▶ p.18

That reminds me.（それで思い出しました）

S　V　O

□ 第4文型　▶ p.20

I bought my son a new smartphone.（息子に新しいスマートフォンを買ってやりました）

S　V　O_1　O_2

□ 第5文型　▶ p.22

I have kept you waiting.（お待たせしました）

S　V　O　C

□ 否定文　▶ p.24

I can't **thank you enough.**（お礼の申し上げようもありません）

□ 命令文　▶ p.26

Watch **your step.**（足下に気をつけて）

□ 感嘆文・There is構文　▶ p.28

How **smart you are!**（頭がいいですね）

There are **some cookies left.**（いくつかクッキーが残っています）

第2章　会話できる疑問文

□ be動詞疑問文　▶ p.32

Are **you sure?**（大丈夫ですか）

☐ 一般動詞疑問文 ▶ p.34

Do you like Chinese food? (中華料理は好きですか)

☐ 付加疑問文・否定疑問文 ▶ p.36

It's beautiful, isn't it? (いいお天気ですね)
Wouldn't you agree? (そう思いませんか)

☐ What/Which疑問文 ▶ p.38

What's the matter with you? (どうしたのですか)
Which would you prefer? (どれがいいですか)

☐ Who/Whose疑問文 ▶ p.40

Who will win the election? (誰が選挙で勝つだろうか)
Whose dirty room is this? (この汚い部屋は誰の部屋なの？)

☐ When/Where疑問文 ▶ p.42

When is convenient for you? (いつがいいですか)
Where are you? (どこにいるのですか)

☐ Why疑問文 ▶ p.44

Why are you angry? (なぜ怒っているのですか)

☐ How疑問文 ▶ p.46

How have you been? (いかがお過ごしですか)

☐ 「How＋形容詞・副詞」疑問文 ▶ p.48

How long have you been here? (ここにいらしてから、どれくらいになりますか)

第3章　会話できる時制

☐ 現在形 ▶ p.52

I usually skip breakfast. (私はふつう朝食を食べません)

☐ 未来形 ▶ p.54

Tim will graduate next year. (ティムは来年卒業です)

☐ 過去形 ▶ p.56

I had lunch with Martha. (私はマーサとランチを食べた)

☐ 進行形 ▶ p.58

What's going on? (どうしたの？)

☐ 「完了」を表す現在完了 ▶ p.60

I've already read that book. (その本はもう読み終わりました)

□「継続」を表す現在完了 ▸ p.62

I've been working hard since this afternoon.
（私は午後からずっと、一生懸命仕事をしている）

□「経験」を表す現在完了 ▸ p.64

I've been to Thailand. （タイに行ったことがあります）

第４章　会話できる助動詞

□ 助動詞can/could ▸ p.68

Masako can speak English and French.
（マサコは、英語とフランス語を話せます）

Could you tell me what to do next?
（次にすべきことを教えていただけますか）

□ 助動詞may/might ▸ p.70

Terry might be using my car. （テリーが私の車を使うかもしれない）
May I sit here? （ここに座ってもいいですか）

□ 助動詞will/would ▸ p.72

Will you do me a favor? （お願いがあるのですが）
Would you like something to drink? （何か飲み物はいかがですか）

□ 助動詞must/have to ▸ p.74

We must respect law and order. （私たちは法と秩序を守らなくてはならない）
I have to travel a lot for my job. （仕事でよく旅行しなければならないのです）

□ 助動詞shall/should ▸ p.76

Shall I get you something? （何か買ってきましょうか）
They should be here in a minute. （彼らはもう来るはずです）

□ 助動詞ought to/used to ▸ p.78

You ought to stop smoking. （禁煙した方がいいですよ）
I used to play the piano. （以前はよくピアノを弾いたものです）

第５章　会話できる準動詞

□ 不定詞の名詞的用法 ▸ p.82

Sam loves to play the guitar. （サムはギターを弾くことが好きだ）

☐ 不定詞の形容詞的用法 ▶ p.84

This is the place to register for classes. (ここが授業登録を行う場所です)

☐ 不定詞の副詞的用法 ▶ p.86

I called this meeting to discuss some problems.
(集まっていただいたのは、いくつかの問題を話し合うためです)

☐ 原形不定詞 ▶ p.88

You shouldn't make him go. (無理に彼を行かせない方がいいですよ)

☐ 動名詞 ▶ p.90

He loves cooking, but hates washing dishes.
(彼は料理を作るのは好きだが、皿を洗うのは嫌いだ)

☐ 現在分詞 ▶ p.92

Ms. Wilson is a walking dictionary. (ウィルソン先生は、生き字引（歩く辞書）だ)

☐ 過去分詞 ▶ p.94

The broken-down car was blocking traffic. (その故障車が交通を妨げていました)

☐ 分詞構文 ▶ p.96

Seeing Amy, he ran in her direction. (エイミーを見かけて、彼は彼女の方に走っていった)

第6章　会話できる関係詞・受動態・仮定法

☐ 「主格」の関係代名詞 ▶ p.100

Everyone who saw the movie was impressed. (その映画を見た人は、みんな感動しました)

☐ 「所有格」の関係代名詞 ▶ p.102

I met the writer whose works you admire.
(あなたがその作品をほめている作家に会いました)

☐ 「目的格」の関係代名詞 ▶ p.104

Have you found the key (that/which) you lost? (なくした鍵を見つけましたか)

☐ 関係副詞 ▶ p.106

I went to the town where you were brought up. (あなたが育った町に行ってきました)

☐ 受動態の基本 ▶ p.108

This novel was written by Kawabata. (この小説は川端によって書かれた)

☐ さまざまな受動態 ▶ p.110

Mt. Fuji can be seen from the Shinkansen. (富士山は新幹線から見える)

□ 受動態の定番表現 ▶ p.112

This film is based on a true story. (この映画は実話に基づいている)

□ 仮定法過去 ▶ p.114

If I were you, I wouldn't do such a thing. (私があなただったら、そんなことはしません)

□ 仮定法過去完了 ▶ p.116

If we had practiced more, we would have won the first prize.
(もっと練習していたら、私たちが優勝していたかも)

□ さまざまな仮定法 ▶ p.118

You look as if you were daydreaming. (あなたはまるで白日夢でも見ているみたいですよ)

第7章　会話できる形容詞・副詞・比較

□ 形容詞の限定用法 ▶ p.122

We have little snow here. (この地域はほとんど雪が降りません)

□ 形容詞の叙述用法 ▶ p.124

Is it convenient for you? (あなたにとって、それは都合がいいですか)

□ 基本の副詞 ▶ p.126

You should be working hard. (一生懸命やるべきです)

□ 日常生活でよく使う副詞 ▶ p.128

I will talk to you later. (後で話しますよ)

□ 注意したい副詞の用法 ▶ p.130

You are old enough to know better. (君はもっと物事をわきまえていてもいい年齢だ)

□ 接続副詞 ▶ p.132

You should enjoy it, otherwise you won't keep doing it.
(楽しむべきですよ。そうでなければ続かないでしょう)

□ 同等比較 ▶ p.134

You are as pretty as your mother. (お母さんと同じくらいきれいですね)

□ 比較級 ▶ p.136

This computer is cheaper than that one. (このコンピュータはあのコンピュータより安い)

□ 最上級 ▶ p.138

The worst scenario may come true, if nothing is done.
(何もしなければ、最悪のケースになるかも)

第8章　会話できる代名詞・冠詞

□ 主格の代名詞　▶ p.142

We usually eat breakfast around 7:30. (私たちはふつう、7時半頃朝食を食べます)

□ 所有格の代名詞　▶ p.144

Our dog is quite wild. (私たちの犬はかなり気が荒い)

□ 目的格の代名詞　▶ p.146

Mr. Martin told us to do our best.
(マーティンさんは私たちに最善を尽くすようにと言った)

□ 所有代名詞　▶ p.148

Are these shoes yours or Mika's? (この靴はあなたの、それともミカの？)

□ 再帰代名詞　▶ p.150

You have to finish the project by yourselves.
(あなたたちだけでそのプロジェクトを完了させなくてはなりません)

□ 指示代名詞　▶ p.152

This is my father, Toshinori. (こちらが父のトシノリです)

□ 不定代名詞　▶ p.154

Everything is ready for dinner. (夕食の準備は全部整っています)

□ 代名詞のit　▶ p.156

It's your turn. (あなたの番ですよ)

□ 不定冠詞　▶ p.158

Let's read a good book. (いい本を読みましょう)

□ 定冠詞　▶ p.160

Please pass the salt. (その塩を取ってください)

第9章　会話できる接続詞・前置詞

□ 等位接続詞　▶ p.164

You should eat less and do more exercise.
(あなたは食べる量を減らし、もっと運動すべきです)

□ 従位接続詞　▶ p.166

I couldn't eat broccoli when I was a child. (子供の頃、ブロッコリーが食べられなかった)

□ 接続詞の重要表現 ▸ p.168

Both Ted and his wife enjoy jogging. (テッドも奥さんも、ジョギングを楽しんでいる)
As soon as I finish this project, I'll visit you. (このプロジェクトが終わり次第、訪ねます)

□ 前置詞の基本 ▸ p.170

He was born in London. (彼はロンドン生まれです)
I'll see you at the airport at three o'clock. (空港で3時にお目にかかります)
Can you finish this by Friday? (これを金曜日までに終了できますか)

□ 「位置関係」「方向」「動き」を表す前置詞 ▸ p.172

The hotel faces toward the Pacific Ocean. (そのホテルは太平洋に面しています)
Passing through the tunnel is a shortcut. (そのトンネルを通り抜けるのが近道です)

□ 前置詞のイディオムと句動詞 ▸ p.174

Can I turn on the heater? (ヒーターをつけてもいいですか)
It's up to you. (それはあなた次第です)
I took a shower instead of a bath. (お風呂につからず、シャワーだけにした)

第10章　会話できる構文

□ 譲歩構文 ▸ p.178

Whatever you may say, I will do this. (あなたが何と言おうと、私はこれをします)

□ 倒置・省略 ▸ p.180

I jog every morning. ▶ So do I. 「毎朝ジョギングをします」「私もです」
Long time no see. (久しぶりですね)

□ 無生物主語 ▸ p.182

The news made us excited. (その知らせに、私たちはわくわくした)

□ 強調構文 ▸ p.184

It was yesterday that I met her. (彼女に会ったのは昨日です)

□ 知覚・感覚動詞 ▸ p.186

We watched our dog chase the ball.
(私たちは、私たちの犬がボールを追いかけるのを見た)

□ 使役・強制 ▸ p.188

When did you have your hair cut? (いつ髪を切ってもらったのですか)

□ 話法 ▸ p.190

He said to me, "Leave the door open." = He asked me to leave the door open. (彼は私に「ドアを開けておいて」と言いました)

●著者紹介
妻鳥千鶴子　Tsumatori Chizuko
大阪府出身。関西大学、近畿大学非常勤講師。主な英語関連の資格はケンブリッジ英検特A級（CPE）、英検1級など。
主要著書：『新ゼロからスタート英会話』、『新ゼロからスタート英単語』、『WORLD NEWS BEST 30』、『ネイティブがスゴークよく使う　ことわざ引用英会話大特訓』（以上、Jリサーチ出版）。

カバーデザイン	中村聡（Nakamura Book Design）
本文デザイン／DTP	アレピエ
カバー・本文イラスト	福田哲史
編集協力	成重　寿
ダウンロード音声制作	一般財団法人　英語教育協議会（ELEC）
ナレーター	Jack Merluzzi ／水月優希

本書へのご意見・ご感想は下記URLまでお寄せください。
https://www.jresearch.co.jp/contact/

瞬時に口から出てくる
話すための英文法大特訓

令和6年（2024年）3月10日　初版第1刷発行

著　者	妻鳥千鶴子
発行人	福田富与
発行所	有限会社　Jリサーチ出版 〒166-0002　東京都杉並区高円寺北 2-29-14-705 電　話 03(6808)8801(代)　FAX 03(5364)5310 編集部 03(6808)8806 https://www.jresearch.co.jp
印刷所	(株) シナノ パブリッシング プレス

ISBN978-4-86392-609-7　禁無断転載。なお、乱丁・落丁はお取り替えいたします。